管理会计

从新手到高手的30个实操工具

［新加坡］钱自严 著

机械工业出版社
CHINA MACHINE PRESS

图书在版编目（CIP）数据

管理会计：从新手到高手的 30 个实操工具 /（新加坡）钱自严著 . —北京：机械工业
出版社，2022.11（2024.6 重印）

ISBN 978-7-111-72168-0

I. ①管… II. ①钱… III. ①管理会计 – 基本知识 IV. ① F234.3

中国版本图书馆 CIP 数据核字（2022）第 232546 号

北京市版权局著作权合同登记　图字：01-2021-4741 号。

管理会计：从新手到高手的 30 个实操工具

出版发行：机械工业出版社（北京市西城区百万庄大街 22 号　邮政编码：100037）

策划编辑：华　蕾　　　　　　　　　　责任编辑：华　蕾　　闫广文

责任校对：龚思文　　王　延　　　　　　责任印制：李　昂

印　刷：北京联兴盛业印刷股份有限公司

开　本：170mm×230mm　1/16　　　　版　次：2024 年 6 月第 1 版第 7 次印刷

书　号：ISBN 978-7-111-72168-0　　　印　张：17.75

定　价：69.00 元

客服电话：（010）88361066　68326294

Foreword · 推荐序

　　继《从总账到总监》于 2019 年首次出版后，自严的第二本专业著作《管理会计：从新手到高手的 30 个实操工具》（以下简称《管理会计》）将要面世了，这是他的又一部潜心之作。在《从总账到总监》中，会计转型是重点之一，而本书则是完完全全的会计转型的教科书。《从总账到总监》是一本小说体裁的书，《管理会计》则是一本工具类型的书。以我的了解，作者对工具领悟很深，他在慕尼黑三年，对德国人制造工具的匠心有很深的感触，之后又有一定的思考、积累和实践，这在他的文化随笔《自严自语》和小说《从总账到总监》中都有体现。他还专门撰写了一篇关于"工具思维"的短文，分享了他对工具的领悟。在文中，他这样写道："工具的本质是用时间换时间的效率杠杆。"并归纳道："工具有便利及改善品控、体验、效率等功用。"现在，他以《管理会计：从新手到高手的 30 个实操工具》作为本书的书名，用"从新手到高手"作为"工具"的定语，把专业技能和工具融合在一起，充分体现了他的设计意识和能力。由此，我们可以看到自严对将专业技能转换成"工具"的自信。希望本书能让你获得一个杠杆,快捷地成为一名管理会计。

我就业的第一个岗位是企业出纳员,三年后升为主办会计,之后又在主管经济的基层领导岗位上工作多年,所以对财务会计及其发展历程有一定的了解。我接触的会计准则和会计制度,是从苏联引进的,其理念和模式完全配套于计划经济。20世纪80年代后,随着改革开放的深入,国家对会计制度进行了变革,逐步与国际接轨。从20世纪90年代开始,财政部门每年都会对在岗会计进行培训,不断地更新理念、规则和核算方法,虽然整个过程都没有突破会计核算的范畴,但是,不可否认这一系列技术层面的提升,为会计核算人员向管理会计转型打下了基础。

不管采用什么财务制度的企业,都是以获得经济利益为目标的,它的所有经营模式和过程都与此有关,为此,它的每一个部门及其运作环节都存在着核算的任务,这是大家的共识。对内如此,对外也一样。外部与企业运行相关的节点,如经济政策调控,税收、海关等机构的征管,客户往来,银行借贷,人力资源流动,企业公共资源的供应等,从时间上来说,与财务的关联度更高,有事后的披露、事中的干预,以及对未来的预警。可见,呈现在你面前的企业核算形态是立体的,无所不在、无时不在的,为此,管理会计的职能应该随核算到达所有的节点。要做到这样,首先要突破原来的壁垒,提高自己的职业站位。既然核算无所不在,那么会计核算也应该前延、下沉,并在空间和时间上做到无所不达。财务人员应保持其敏感性,深入挖掘各部门、各环节存在的各式各样的管理问题,以"成本"为标尺,通过数据分析比较、资源整合,寻求最优的方案,彻底解决问题,并将解决问题的思路和方法固化。本书包括 6 个模块、30 个案例，形成了涵盖企业方方面面核算实操的样板，起到了拓宽视野、引领思维、有法可循的作用，可帮助读者最终实现书中指出的"管理会计＝财务＋业务＋管理"的目标。

20 世纪 80 年代前，会计核算水平还处在初级状态。记得那时财务人员打算盘，若能多位数连续运算一遍算准，必被视为能手；若能准确熟练运用科目，则必被奉为高手，在业内是受到尊敬的。这与现在管理会计的要求相比，应该相差好几个等级。对于管理会计，在财务人员的专业修养上是有较高要求的，从本书案例展示的辨析、思路、解决问题的方法和结果中，就可以清晰地看出。管理会计，既要做到无所不达，又要做到达必极致，而做到极致是要以专业修养作为技术支撑的，可以这么说，提高专业修养是管理会计的必修课程。

与此同时，财务与企业的其他岗位相比，一专多能显得尤为重要。面对企业的条也好、块也好，必须在一定程度上掌握相关业务知识，才能高质量地开展工作。本书的 30 个案例提供了丰富的知识，有的来自作者自身的经历，有的借用了学校的教学案例，有的引用了他人的著作，体现了作者一定的跨界能力，这些案例可作为扁平化落地、颗粒化推进的实践基础，具有一定的借鉴意义。书后列示的参考文献，其用意也在于此。善于学习、注意积累、勇于实践是提升跨界能力的主要途径。

此外，处事的智慧与技巧也是财务人员必备的能力。作者在书中提出了"五不法则"：不做警察做向导；不要只提问题，还要提供解决方案；不讲概念讲数据；不做事后分析而做事前控制；不是抱怨而是提供帮助。本书还介绍了这样一则案例：企业开展财务牵头的落实成本削减目标活动，财务总监对总经理提出了"开好两个会议"的两个要求，一是参加项目启动会，二是参加项目回顾会。参加第一个会议是利用总经理的组织权威形成统一的思想，以便减少变革推进中的阻力；第二个会议项目回顾会则是在充分授权的基础上做好监督和考核的平衡。这两个会议，有放有收，高度与深度相结合，无不体现了基于对人性透彻理解的组织管理智慧。

该案例也来源于工作中的实例，作者以此为参评事迹，获得了《新理财》杂志社颁发的"2011 年中国十大优秀 CFO 人物奖"。财务部需要与多个部门打交道，通过推进精细化运营，在行动上可触达企业最基层，在效果上可贡献于整个企业的业绩。业务部门在得到帮助后，会形成部门之间的良性互动，提升企业的软实力，这才是管理会计最高价值的体现。

有人说，世界上最遥远的距离是知道和做到之间的距离。本书在最后部分介绍了做好管理会计的原动力，即将专业能力与专业精神统一起来——"用事业心做好专业事"，也就是我们惯常所说的"爱岗敬业"。对此，作者剖白道："这种事业心的本质是为了提升自己的价值，为了打造自己的声誉，为了锤炼自己的核心技能而付出的努力。"在这里我想说："动因可以各异，但事业心一定得有。"作者把这些内容放在压轴的位置，有他的苦心——向读者强调这些很重要。

本书展示了几十张图表，这些又何尝不是工具呢？之所以没有被列为工具，是因为它们是服务于"工具"的"工具"。图表是多种表达元素的集合体，具备清晰、直观的特点，便于加深读者的理解。我们也可以从这些图表中看到制作者高度的概括能力、组织能力和表达能力。书中不少例子来自作者的亲身经历，也有的取材于日常生活。

作者深刻剖析这些接地气的实例，并深入浅出地讲解其背后的专业逻辑与管理思维，对读者的工作实践可以起到良好的指导作用。本书在每一节的末尾以思维脑图做总结，信息量不少，但作者以极其简约的方式完整地把问题、解决方法、管理思路、工具等一览无余地展现在读者面前，可以说是匠心独具。特别是"金句"，以最简练的语言直达本质。没有对业务的通透理解和深厚的文字功底是做不到这一点的。

虽然是工具书，但作者摒弃了一般专业著作晦涩的语言，承续了自己轻松幽默的表达风格，活泼又不失严谨，常常是娓娓道来，在关键点上交代清晰透彻，金句频出。全书立意恳切，解析周详，读者可从中感受到作者分享的激情与助人成功的心意。若问何以至此，"心血之作"之谓也。

我是作者的父亲，这是我第三次为儿子的出版物作序。虽然我有从事财务的经历，但就水平而言也就停留在不陌生而已，我的优势是对作者的了解比旁人深，也就动笔了。从阅读体验的角度看，除了作者开篇的自序，其他人的序都是读后感，这样一想也就安心不少，就以此"读后感"滥竽充"序"吧。

杜鸿生

自序 · Preface

到底什么是管理会计？首先，我们必须弄清楚一个事实——管理会计不是财务会计转岗就能胜任的职务。

作为管理会计，我们需要面向未来，需要对人性有透彻的理解，能够把握住企业的核心矛盾，对资源进行最佳整合，并能够用一系列实操工具解决企业中常见的管理问题，以便突破瓶颈，提升财务绩效。这才是真正的"管理会计"。

想要更好地理解管理会计的任务和价值，我们就要重新定义"管理"和"会计"这两个概念。讲到"管理"，绕不开人以及最底层的人性问题。所以，这本《管理会计：从新手到高手的 30 个实操工具》也可以当作一本关于人性的书来读，书中的每一节都会通过一个案例带出一对（矛盾）变量，比如"快与慢""真与伪""分散与集中"……这些（矛盾）变量都可以理解成利益追求中各方的不同利益表达。比如，不同的 KPI 诉求会带来组织中的"影响力成本"，从而在资源的分配上造成"会哭的孩子有奶吃"的情况。

针对每一对（矛盾）变量，我会从"成本"这个视角寻找抓手，进一步挖掘组织中的各种各样的管理问题，进而给出相应的解决方案。比如针对组织中有的部门报喜不报忧带来的影响力成本，财务部要确立自己的"数据纪委"角色，为管理层剔除带有部门偏见的误导性数据，让"真实的假数据"不再流行。

说完了"管理"，再来看看"会计"。本书为财务人员指明了新的方向，那就是要将会计做活，使之成为不可替代的会计，成为"面向未来"的会计。随着人工智能时代的到来，随着财务方面机器人流程自动化（RPA）系统的广泛应用，财务人员应当重新为自己定位。为此，我们不妨参考美国趋势专家丹尼尔·平克所著的《全新思维》一书，书中讲到了决胜未来的六大能力，其中有三项是与财务同人息息相关的，即交响力（可理解为"整合力"）、设计感和意义感。我在撰写本书时，也有意识地从这三个方面进行挖掘——结合财务人员的具体工作场景，全面打造这三项面向未来的核心技能。

以"交响力"（整合力）而言，在信息化时代，这种能力的重要性不必多说，财务人员也应当有成为"信息工作者"的自觉。美国麻省理工学院媒体实验室宏观联系研究团队的主管塞萨尔·伊达尔戈曾经在《增长的本质》一书中提到了信息工作者的三个类型，我据此提炼了一个"3I模型"，可以为财务人员的自我发展提供思路（见图0-1）。这三个I分别是探究者（Inquirer），传播者（Interpreter）和整合者（Integrator），很显然，

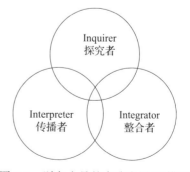

图0-1　财务人员的自我发展3I模型

财务人员更多定位在第三个 I 上，即成为整合者。

如果说企业家的使命是将人、机、料、钱等资源要素的效率整合到最佳，那么财务人员的使命就是把握数据信息这条线索，提升组织的资源整合效能。比如用数据识别跟踪瓶颈工位，通过对自制与外购的分析找到最佳业务组合，等等。在本书中，我用了一整个模块共 5节的内容讲述各种资源要素的整合，甚至具体到财务人员如何用主持人的 3O 法则开好降本增效的工作坊，相信会让财务人员有一种耳目一新的感觉。

再来讲讲"设计感"。面对机器自动记账带来的行业冲击，财务人员应当如何应对未来全新的技能挑战？相信这是大家都很关心的问题，而解决问题的关键便是"设计感"——我将用顶层设计的思维帮财务人员量身定制一套基于财务工作场景的价值地图，可帮助大家转变财务思维，提升学习和工作效率。

最后是"意义感"。我也用了一整个模块共 5 节的篇幅专门对其进行讲解，主要落脚点是"价值管理"。未来有太多的不确定性，但有一项是确定的，只要每一步都踩在价值创造的贡献点上，你便可以永远地与时俱进（Stay Relevant）。

我的名字是钱自严，金钱的"钱"，严格要求自己的"自严"，人如其名，我是一个在"钱"这方面力求"自严"的人，这与我的职业很契合。不过，我的职业生涯并不是从财务工作开始的。我曾经做过八年业务工作，既负责过 2C（to Consumer）的化妆品销售工作，也负责过 2B（to Business）的服装进出口业务。我曾于一个在夹缝中求生存的小公司里，差不多将从采购、销售、品控到物流的各个岗位做了个遍，虽然十分艰苦，却锻炼了自己的能力，也拓宽了自己的眼界。

在 30 岁生日那天，我走进了新加坡南洋理工大学商学院的课堂，开始学习财务。毕业后，我在惠普的新加坡公司做过供应链财务分析，后加入西门子半导体公司，被派到无锡的工厂做财务总监。对于没有做过一天账的我来说，这样的经历堪称"传奇"，但我却从来没有怀疑过自己是否能够胜任。因为我一直坚信《反脆弱》中的一句话：通过刻意练习，人天生具有将弱点转化成优势的能力。

在多年的职业生涯中，我经历过 4 次外派，工作地点从纽约换到新加坡再换到慕尼黑，最后换到苏州。我在"地方财务官"与"总部财务控制者"之间来回切换视角，最终成为一家高科技制造业公司的全球首席财务官（CFO）。这一系列的历练，让我获益匪浅，使我能够透过专业看到管理，透过管理看到文化与人性，还能够从一个更宏大的视角来看待财务人员的角色与使命。

当然，我还有一个不一般的身份——"学习官"。2005 年我从德国回来，就一直在打造并实践学习型组织，并坚持到了今天。我们每周三有午餐学习会（Lunch & Learn），每个季度有关于流程改善的精进工作坊，对于工作中的错误，我要求每个人按统一模板整理成"错误归集"手册，作为提升组织专业交付能力的学习资料……

与此同时，我对培训产生了极大的兴趣。在参加大量的企业内训课时，我发现了一个秘密——以前做成本改善时，作为一个 CFO，我更多的是用数字驱动运营管理，但是在接受了大量的领导力等软技能培训后，我对组织变革行为的理解多了一个"人"的维度，所以，我开始有意识地寻找并激发组织中"人"的变革力量。

为此，我又通过学习获得了一系列组织变革、人际推动方面的专业资质，比如高管教练、私董会教练、工作坊助动师等。通过对大量的中层干部进行培训与辅导，我对企业核心问题有了更加深入的了解，能够走出财务数据的限制，从流程的合理性、制度的有效性到人性的复杂性，全方位解构企业当下的核心问题。

利用业余时间，我将自己在工作和学习中取得的成果撰写成文章，至今已创作了 500 多篇公众号文章。我还为《首席财务官》杂志与微信公众号"管理的常识"当过专栏作者。当然，我最自豪的作品还是 2019 年出版的财务小说《从总账到总监》。很多读者读过这本书后，都觉得不过瘾，认为有关管理会计的章节不够多，这让我萌生了创作本书的想法。

我决定用《管理会计：从新手到高手的 30 个实操工具》这本书来呈现我对管理会计的感悟，并重新定义：管理会计 = 财务 + 业务 + 管理。

上面这个公式中最核心的部分是财务。从财务角度出发，在这本书的每一节中，我都会给大家讲透一个成本概念，比如什么是组织中普遍存在的隐性成本，在资源整合时如何发现那些不合时宜的惯性成本；在每一节中，我还会立足于具体的案例讲透财务背后的业务逻辑与管理思维，比如为了避免一些人借助资历或个人关系滥用影响力，财务人员是否需要与各相关方达成不讲概念讲数据（不论是非讲概率）的共识……

从业务和管理角度出发，我还会从每一个具体案例中引出一个关键矛盾点，再探索出一种管理思路，然后分享一个实操工具，比如在投资审批中如何使隐藏假设浮现出来，如何使用资源排列组合法实现跨越式成本削减等。从某种意义上讲，这本书也为大家预备了一条由财务向业务和管理逐步进阶的转型之路。

本书是我的心血之作。书中的理论有很多取自我在斯坦福商学院和哈佛商学院学习到的精华。在理论之外，我也有意识地融合了中国当下最新的商业模式与创新实践，务求做到"本土化"。书中的很多商业模型，参考了华杉老师、刘润老师、吴伯凡老师关于品牌、战略与商业模式的专业洞见。此外，我还充分了解并吸收了一些小微企业的最佳实践。

在撰写本书的过程中，我阅读了大量关于商业、管理、教练技术和心理学方面的书籍，并从中获得了一些启发。我在这本书的结尾列出了一些参考文献，以方便大家查阅。总之，在内容打造上，我力求对做好管理会计所需的相关知识进行融合，并用自己的思考和实践，给各位同人探索出一些有参考价值的经验。

在内容布局上，我将全书分为 6 大模块，即数据智慧、成本分析、成本控制、资源整合、战略财务和价值管理。在数据时代，数据处理能力是管理会计的基本功，所以在"数据智慧"这一模块，我用大数据、小数据、活数据、伪数据、软数据和零数据共 6 节内容帮大家"扎稳马步"；在"成本分析"这一模块，我力求讲透管理会计最核心的成本分析技能。

从"数据智慧"到"成本分析"再到"成本控制"，完成了管理会计在专业上的逐步进阶。后面三个模块则上升到组织的层面，教大家如何做资源整合，如何从战略财务的角度找到行业制胜要素与企业内在禀赋的结合点，如何用价值管理这条主线梳理组织资源的关键控制点。最后一个模块中的"财务定位"则是用价值思维帮每个财务人员梳理一下自己未来的价值定位问题。

在内容的具体呈现上，我也进行了一番细致的构思，为了便于财务人员阅读、学习，我参考了教练技术中的 SCQA 模型。

S（Situation，情景）：每一节我都会用一个具体的案例引出当下的一个典型问题。

C（Complication，复杂）：这个典型问题有多复杂？我会用一个成本概念来进行描述，所以书中的每一节都能让你了解一个成本概念。

Q（Question，疑问）：在每节内容中，我都会提出一个核心问题。

A（Answer，回答）：对于每个核心问题，我都会提供相应的管理思路与实操工具。

为了方便大家总结回顾，在每一节的末尾，我都会用思维脑图（见图 0-2）进行知识点提炼。

图 0-2　思维脑图

　　哈佛商学院有这样一句使命宣言：来哈佛商学院，你获得的是生命改变的体验（Life Changing Experience）。这句话也是我撰写这本书的初心，我想要将这本商业通识读物送给广大读者，也送给我自己，让我们一起开启属于自己的"生命改变的体验"。

钱自严

2022 年 8 月

目录·Contents

第 6 模块 ●

价值管理

知识点一览

序号	主题	1对（矛盾）变量	1个成本概念	1种管理思路	1个工具
第1模块　数据智慧					
01	大数据	多与少	选择成本	多维度数据	建设数据库
02	小数据	粗与细	历史成本	数据颗粒度细化	从分类做起
03	活数据	账务与业务	沟通成本	80/20 法则	统计列示法
04	伪数据	真与伪	影响力成本	财务承担"数据纪委"职责	例外管理法则
05	软数据	结构化与非结构化	信息成本	浮现隐藏假设	实地调研
06	零数据	有与无	模糊成本	从模糊到模块	代理值估测法
第2模块　成本分析					
07	标准成本	事先与事后	标准成本	控制在先	差异分析
08	作业成本	直接与间接	作业成本	技术赋能	作业流数据追踪
09	作业价值	做与不做	机会成本	资源优化配置	作业价值设计
10	动因分析	因与果	关联成本	成本驱动器	鱼骨图分析法
11	质效分析	质与效	预防成本	第Ⅱ象限管理法则	T 型复盘法
第3模块　成本控制					
12	决策控制	快与慢	决策成本	业务部门快思考，财务部慢思考	控制清单
13	绩效管理	负责与担责	隐性成本	递归思维	RAW 模型
14	预算管理	分散与集中	结算成本	责权利统一	预算下沉分配
15	生产力项目	向上与向下	惯性成本	成本管理常态化	3O 工作坊
16	成本削减	改良与改革	替代成本	第一性原理	资源组合替代法
第4模块　资源整合					
17	信息平台	分与合	组织成本	用信息整合资源	保本点测算
18	向内整合	部门与公司	协作成本	知识拥有者与流程负责人合一	作业因子管控法
19	向外整合	横向与纵向	博弈成本	最佳实践分享	谈判清单数字化
20	供应链管理	局部与整体	供应链成本	链主视角	机会收益成本比较法
21	组织效能	职责与职位	代理成本	搞定任务	ATM 打分表
第5模块　战略财务					
22	战略企划	外部与内部	迁移成本	行业制胜要素匹配	ABC 战略路径法则
23	商业模式	增值与蒸值	交易成本	降低定倍率	企业生态位分析法
24	品牌资产	外部属性与内部属性	认知成本	从硬推广到软推广	品牌价值系数
25	定价模型	盈与亏	沉没成本	精益制造	目标成本定价法
第6模块　价值管理					
26	产品利润	难与易	模仿成本	打造核心竞争力	竞争对手分析报告
27	资产效率	简与繁	闲置成本	资源碎片整理	NWCD
28	资本杠杆	昂贵与便宜	资金成本	全球化布局	资金池集约管理
29	市值管理	面子与里子	合规成本	季度滚动预测	利好利空消息清单
30	财务定位	专业与事业	时间成本	做时间的朋友	五不法则

第 1 模块

数据智慧

01

大数据
没有数据技术平台，
怎么玩转大数据

说起"大数据"，大家肯定不会觉得陌生。在高速发展的现代社会，我们身边充斥着形形色色的大数据，它们在社会实践中发挥着巨大的作用，应用范围也越来越广。

那么，财务专业人士该以什么样的态度面对大数据，又怎样用好大数据呢？

在此，我想先说两个误区。第一个误区与数据的"多与少"有关。很多人总认为小企业没有那么多的数据，所谓大数据只适合那些规模巨大、交易频繁的企业。这是一种错误的观念，事实上，再小的企业也有足够多的细分数据，值得我们研究和分析。

第二个误区与技术元素有关。很多人过于看重大数据运算中的技术元素，认为只有依靠 Oracle、SAP 等先进的企业软件平台才能做大数据分析。其实，我们采用最简单的数据分类统计工具也足以进行大数据分析。

这样讲可能比较抽象，我们不妨通过一个简单的案例来看一下这些问题。

2002 年我去德国工作时，为了方便出行，花 5 200 欧元购买了一辆二手的三厢 Polo 汽车。购车后自然要买保险，可是我仔细了解了一番，发现像我这种"在德国驾龄为 0 年"的外国司机需要缴纳的保费金额竟接近 2 000 欧元。也就是说，一年的保费超过了购车款的 1/3，这实在让人难以接受。

这时，有一个朋友给我推荐了一家可以在网上进行交易的保险代理公司 MLP，据说这家公司"不歧视"外国司机。

我登录了这家公司的网页，发现在询价前要先答完一份调研问卷，其中包括 40 个问题。

问题 1：你的住所是否有地下车库？

答：有。

问题 2：你是做什么职业的？

答：财务管理。

问题 3：你家里是否有 8 岁以下的小孩？

答：没有。

……

看到这里，大家可能会觉得有些奇怪，为什么保险代理公司会问这些问题。其实这些问题背后藏着"大数据"的影子，下面就让我们逐一进行分析。

问题 1 问有没有地下车库。这是为了推断汽车的受保护状况。如果没有车库的话，汽车晚上停在大街上容易被剐蹭。

问题 2 问投保人的职业。这是为了推断出险概率。就拿我来说，我是一个整天坐在办公室里的财务人员，出险概率当然比不上经常要开车出去拜访客户的销售人员。

至于问题3，我想先卖个关子，请大家思考一下"家里有8岁以下的小孩"和计算保费究竟有什么关系。

这个问题我曾经在许多公开讲座上提到过，也难住了很多人。其实只要换个角度，将自己代入孩子家长的角色，就不难找到问题的答案：一个人出行和带着孩子出行，在驾驶行为上会有明显的不同——带着孩子的时候开车往往会更加谨慎，一旦黄色交通信号灯亮起，驾驶员往往就会踩住刹车不往前冲，所以，家里有小孩对购买汽车保险来说是一个"加分项"。

上面只是列举了几个问题，不难想象，40个问题回答完，系统就会为每个用户绘制一幅独特的肖像。例如我从事财务管理，上下班可以在地下车库停车，一周只有周五开车上班……按这些条件评定下来，我的保费只需500多欧元，比起先前的近2 000欧元，便宜了不止一点点。

那么，这家公司为何愿意以不到市场价1/3的价格给在德国没有驾驶经验的投保人出保单呢？就是因为大数据给了这家公司"底气"，与只是简单地按驾龄测算保费相比，这40个问题的答案看似不多，却已经构成了用户大数据，可以为这家公司的决策提供依据。由此可以看出，大数据与数据的"多与少"并没有直接的关系。

更值得一提的是，早在2000年左右，这家保险公司就已经能够借助"大数据"测算保费了。那个时候互联网的普及程度远没有今天这么高，更无法应用云计算、人工智能之类的高新技术，但这并不妨碍该公司对大数据的合理运用。由此可见，能否合理运用大数据，并不取决于技术，而取决于思维方式——如果我们能够用积极的态度和主动的思维看待大数据，就不必等到技术手段成熟、完善之后，才能充分地运用它。

认识到上述两个误区之后，我们就会知道，哪怕一个小企业只有10个员工，哪怕它只做一种产品，只服务一个客户，它也不能忽视大数据问题。事实上，大数据是无所不在的：正式工与外包工的产出率差异、夜班与白班的成品率差异、电费与产量的线性关系等都是大数据。这些数据并不需要先进复杂的 ERP 系统来处理，只需要我们拥有足够的"数据意识"，能够从身边的数据做起，做好数据库的建设，对这些简单的数据做一些挖掘与对比，就可以给管理层提供一些合理的建议。

同样以小企业为例，如果我们对正式工与外包工的产出率差异进行分析、比较，就可以降低企业在资源配置上的"选择成本"——当外包工的产出率低于某一临界点（保本点）时，我们便会使用成本稍高一点的正式工……一旦这些保本点形成固化的参数，企业运行就可以进入一个预设好的"巡航模式"，不用每次都纠结到底该招聘正式工还是使用外包工，也不用再计算外包工的比例上限了。

类似的选择成本问题还有很多，比如模具该自制还是外购，关键材料的供应商数量是维持在 3 家还是 5 家比较好，在供应商季度降价前该如何保持安全库存的最低运转量，等等。这一系列选择都可以通过大数据"沉淀"成企业常识，为业务运作提供指导，而不必每次都像面对新任务一样做全新的决策。毕竟，选择也是有成本的，每次选择都会带来额外的资源消耗，想要最大限度地减少消耗、提高效率，我们就应当有意识地做好数据库建设，利用好大数据。

当然，想要建设数据库，必须先有一个顶层设计。大家不妨参考图 1-1 的企业大数据框架，以便打开自己的思路。

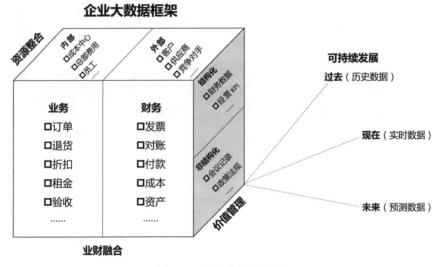

图 1-1 企业大数据框架

1）我们可以从不同的维度来认识这个企业大数据框架。第一个维度是"业财融合"维度，也就是正视图体现的数据内容，它们被分为业务和财务两大类，像订单、退货、折扣、租金、验收等都是典型的业务数据，而发票、对账、付款、成本、资产等则是财务数据。

2）第二个维度是"资源整合"维度，也就是俯视图体现的数据内容，它们被分为内部和外部两大类。内部数据包括构成人、机、料各方面生产要素的数据，比如成本中心、总部费用、员工等数据都属于这一类；客户、供应商、竞争对手的数据，像客户对市场销售预期的下调、竞争对手新增加的产能等，则是一家企业必须关注的外部数据。内部数据与外部数据的协调统一是企业做好资源整合的一个重要前提。

3）第三个维度是"价值管理"维度，即侧视图体现的数据内容，它们被分为结构化与非结构化两大类。结构化的数据是指有具体数字的数据，比如财务数据、经营 KPI 等，这些都是能够通过量化的方式来进行比较分析的结构化数据；还有一类信息无法量化，但也具有非常重要的价值，像会议记录、政策法规等都属于这一类，它们就是非结构化数据，我们在建设数据库时也需要将这部分数据纳入管理范畴。

4）除了"业财融合、资源整合、价值管理"这三个维度外，还有第四个维度，即企业的"可持续发展"维度。在这个维度，数据可以按照时间顺序展开，分为过去的历史数据、现在的实时数据和面向未来的预测数据，比如我们做的年度预算与季度滚动预测等都是面向未来的预测数据。

上面这个企业大数据框架中的每一个维度的数据都反映了企业经营能力的一个侧面。比如，业务与财务数据相关联，反映了业财融合的组织运行能力；内部和外部数据的结合，体现了企业的资源整合能力；结构化与非结构化数据的整合，则反映了企业的价值管理能力；过去、现在与未来数据的串联，反映了企业的可持续发展能力。由此可以看出，大数据不是简单地体现在数据量的多少上，而更多的是体现在数据的多维度立体组合上。

完成了数据库的顶层设计后，我们可以从数据架构与数据建设两方面入手，来完成具体的数据库建设工作，具体的工作内容见图 1-2。

数据架构又可分为数据管理、数据分析和数据报告三大类。其中数据管理包含数据的保存、建档和更新；数据分析又可以细化为数据的追踪、推演和归因；数据报告包括相应的汇报、决策、计划等实际应用。

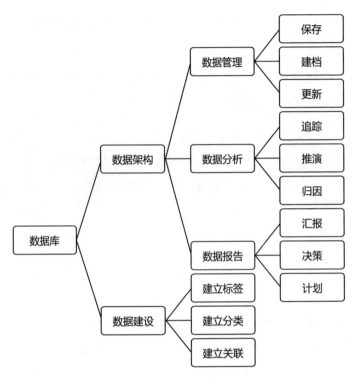

图 1-2   数据库建设的具体工作内容

数据建设是一些具体的数据处理工作。比如给数据建立标签，以便实现快速搜索与追踪；给数据分类，以便更好地进行数据分析，并能够从中提炼出建设性的建议；我们还可以通过建立数据之间的关联，找到提升效率的空间，更好地指导企业的经营管理。

金句 | 能否合理运用大数据，并不取决于技术，而取决于思维方式。

02

小数据

优秀公司与平庸公司的差别在哪里

身处大数据时代，众多公司纷纷引入并拥抱大数据，然而"小数据"对公司的价值同样不可忽视。所谓"小数据"，并不是与大数据对立的，而是指针对特定问题所收集、处理和分析的相关数据。可以说，大数据是全面的数据，小数据是精细的数据，对大小数据的管理和应用程度也能够反映出一家公司管理上的"粗与细"。

下面这张对照表能够直观地体现管理"粗与细"的差异（见表1-1）。

表 1-1　管理"粗与细"的差异

项目	粗	细
费用的归集方式	费用按"差旅费""工资""折旧"等大类归集	每项费用追踪到每个成本中心
一二线人员费用的处理方式	一线直接人员与二线服务人员的费用不进行区别	按直接成本与间接成本归类
成本的呈现方式	成本的呈现与经营活动无关	按产量分别标示可变成本与固定成本
费用的分摊方式	费用按账套归集后分摊到部门	费用进一步分摊到产品
财务报告的功能	财务报告仅能显示公司整体是否盈利	能将产品按盈利状况排序

1）管理粗放型公司发生的费用往往只按大类归集，比如费用会分为差旅费、工资、折旧等大类；而管理精细型公司常常会将每项费用追踪到每个成本中心。

2）管理粗放型公司一般不会区分车间操作工这类一线直接人员与不带来直接产出的二线服务人员的费用，比如直接作业的操作工与给生产线送料的辅助人员被统称为车间人员，对其费用不做细分；而管理精细型公司会将车间人员再细分成直接人员与间接人员，并将其成本分别归入直接成本与间接成本。

3）管理粗放型公司从其报表上往往无法看出成本与经营活动的关系；而管理精细型公司会按产量分别标示出可变成本与固定成本，从而能够更好地做设备投资的保本点测算。

4）管理粗放型公司对费用按账套归集后，会以统分的方式分摊到部门，比如一家公司的 IT 成本，会按人员数量分摊到销售部、生产部、采购部等经营部门；而管理精细型公司会将费用按资源消耗特征进一步分摊到产品，比如对 IT 成本就不是简单地按人员数量分摊，而是按各个部门使用的电脑数量分摊。显然，后者的分配方法更加合理。

5）管理粗放型公司的财务报告只能显示公司整体是否盈利，即利润表只能做到净利润这个层次；而管理精细型公司会对数据进一步细化，能将产品按盈利情况排序，因而能够轻松地找到利润贡献最高的产品。比如某公司 60% 的营收来自 A 产品，但通过数据细化后，却会发现 60% 的利润其实来自 C 产品。

从上面一系列对比可以看出，一家公司管理水平的高低，很大程度体现在"数据的颗粒度"或者说"数据的精细度"上。有句话大家也许都听说过："魔鬼藏在细节中。"数据的颗粒度就是这样的细节，它反映的是一家公司在管理上的专业程度。

那么，我们应当如何运用好小数据来细化数据颗粒度呢？

下面介绍一个实操方法：从分类做起。

会不会对数据进行分类，分类分得有多细，体现了专业与业余的差别。举个简单的例子，我们普通人计算睡眠时间，一般只会根据上床与起床的时间，大概算出自己睡了几个小时。而研究睡眠问题的专家却会对睡眠情况认真观测，仔细记录，并将睡眠时间分成三类，包括浅睡眠、深睡眠与快速眼动睡眠。通过这样的分类，睡眠专家发现真正决定睡眠质量的是快速眼动睡眠的时长。

同样的道理，如果我们要将财务数据分析做得精确到位，也需要对数据进行恰当而精细的分类。比如在计算人员成本的时候，我们可以先按人员与产量是否联动的特性将人员分成直接人员与间接人员。一线操作工是直接人员，办公室人员基本上都是间接人员，而一线操作工的成本又可以分成基本工资、岗位津贴、五险一金、加班费与班车、食堂等公摊费用。加班费还可以细分为工作日加班的1.5倍加班费、周末的2倍加班费以及国家法定假日的3倍加班费。

之所以要分这么细，是因为财务数据看到的只是"果"，想要控制成本，就必须在前端的"因"上发力，比如岗位津贴与基本工资受劳动法的保障程度不同，如果公司遇到像新冠肺炎疫情这样的不可抗力因素，扣减员工的岗位津贴不属于违法行为，但要是扣减基本工资，就涉及侵犯员工的法律权利了，所以一定不能混为一谈。

进行这样的细分，还可以引发管理措施上的改进，比如公司财务部可以对薪酬设计一个合理的比例，既能保证员工的权利，又能给企业留有一定的成本减控空间。

　　像我以前所在的制造业工厂有上万名员工，每月的加班费都是一项很大的开支。记得有一次开月度成本分析会时，生产经理指出 2 月份加班费比 1 月份增加了 35 万元，是因为过年发放的加班费较多，对此总经理表示认同。但当总经理看到我们财务部提供的加班费分析明细表（见表 1-2）后，却不禁皱起了眉头。

表 1-2　加班费分析明细表

项目	1 月	2 月	去年 2 月
出货量（万件）	55	58	57
加班费（万元）	275	310	305
加班工时构成			
1.5 倍工资加班工时占比	60%	45%	55%
2.0 倍工资加班工时占比	35%	25%	30%
3.0 倍工资加班工时占比	5%	30%	15%
合计	100%	100%	100%

　　表 1-2 对加班工时进行了细分，从表中可以看到，2 月因为有春节假期，法定假日较长，3 倍工资加班工时占总加班工时的比例达到 30%，而 1 月只有元旦一天法定假日，3 倍工资加班工时比例仅为 5%，这样的数据看似合理，但与去年同期相比却会发现有问题。去年 2 月春节的出货量与今年 2 月的大致相当，但在去年 2 月，3 倍工资加班工时仅占总加班工时的 15%，这说明今年在排班上有问题，计划部需要对此负责。

　　然而，计划部对排班计划进行了仔细排查，并没有发现问题。真正的问题其实出在采购端，因为采购部门协调不当，导致春节前材料短缺，等到材料到货可以生产的时候，却又赶上了过年放假，工人在此时加班，就会让 3 倍工资加班工时大量增加。

通过这个例子可以看出，数据的细化可以追踪到具体的责任部门，到底在哪个环节出了问题，而细化的一个关键操作就是分类。不难想象，如果我们当时不对加班工时进行分类，生产经理很可能会用粗略的解释将问题一笔带过。

由此可见，数据分类就像是一把"手术刀"，可以帮我们如庖丁解牛般切入企业经营的多个层面，找到核心问题。

在上面这个案例中，还有一个值得注意的关键要素——历史成本，这也是本节要给大家介绍的一个成本概念。

在管理会计中，历史成本是一个很好的对照坐标，可用于衡量可比参数之间的差异，这种衡量有点像统计学里的同比。

很多公司的运作都有一定的时段模式，比如消费电子类产品的销量会在圣诞节购物高峰出现季节性波动，像苹果就会出现三、四季度销量猛增，来年一、二季度销量明显下滑的现象。在这种情况下，我们对本季度数据与上季度数据进行环比就意义不大了，不妨考虑进行同比——将本季度数据与历史同期数据进行比较（见表 1-3）。

表 1-3　苹果 2018 年一季度报表（部分）

项目	2018 年一季度	2017 年四季度	2017 年一季度
销售收入（百万美元）	61 137	88 293	52 896
销售环比变化	−31.0%		
销售同比变化	16.6%		

比如苹果 2018 年一季度报表显示，一季度的销售收入比上一个季度环比下降了 31.0%，但是与去年同期相比，却有 16.6% 的增幅。在这里，同比数据就比环比数据更有参考价值。

那么，有哪些数据需要用"历史成本"做对比呢？同样以消费电子企业为例，我列了一个清单：

▶ 电费（夏天用电高峰的同月比较）

▶ 新产品研发费（9 月新机型上市，相应的这一季度产品开发费多）

▶ 租赁费（旺季冲量时的机器租赁费）

▶ 春节后的招聘费（解决用工问题）

▶ 固定的年度展销会开支（如全球供应商大会等的开支）

由于每个行业的特性不同，再加上 2B 与 2C 企业有不同的产销方式，这些差异使不同的企业具有不同的可比历史成本项目。此时我们首先要考虑的不是上述项目是否适用于自己企业，而是要对"历史成本"这个概念有清晰的认知，能够找到自己企业独特的历史成本进行研究，进而能够找出其背后的资源耗用规律。

这里需要指出的是，在进行历史成本的同期比较时，所谓的"同期"只是相对的概念，我们不必拘泥于严格的期限，而是要格外重视数据的"可比性"。

比如在做最低销量保本测算时，每年的 4 月一般是销售淡季，但有时淡季时段也会因为市场端的变化而出现前后移动，所以我们不一定非得用今年 4 月的数据与去年 4 月的数据相比，而是可以与去年销售淡季 5 月的数据相比。

再如某公司今年 3 月的产值是 5.5 亿元，而去年 7 月的产值是 5.6 亿元，那这两个月的用工人数就有可比性——在产值接近的情况下，去年 7 月用了 1.2 万名员工，而今年 3 月用了 1.4 万名员工，这表明，今年的人工效率出现了下滑，问题出在哪里，就值得我们去挖掘一番……

类似这样的"小数据"问题还有很多，它们体现的正是数据颗粒度的精髓，也是将平庸公司与优秀公司区别开来的关键所在。

| 金句 | 魔鬼藏在细节中。 |

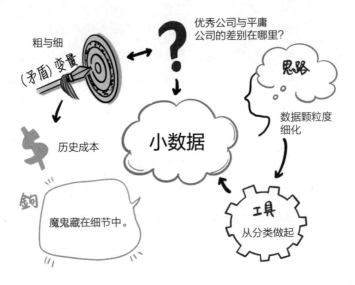

03

活数据

用同一套数据，
怎么会得出不同的结论

看到这个标题，相信你一定会觉得很奇怪：数据不就是我们通过观察、实验或计算得出的数值吗？怎么还会有"活数据"与"死数据"之分呢？

其实数据的"活"与"死"，主要的衡量标准是数据是否与业务相关联，只有分析到业务端根源的数据，才算是"活数据"，是能指导我们制定改进措施并予以落实的，否则就是"死数据"。

为了更好地理解"活数据"与"死数据"，我们不妨来看看下面这个案例。

在某公司的经营会议上，财务部出示了下面这张月度盈亏分析表（见表1-4）。

通过分析表1-4中的数据，我们可以看到，总销售额和主营成本均环比增长了6%，其他经营费用总体上波动不大，使得净利润增长幅度与1月成本增长幅度持平，均为6%。

表 1-4　公司月度盈亏分析表　　（金额单位：千元）

项目	12 月	1 月	差异	分析说明
第三方销售额	22 570	23 905	1 335	环比增长了 6%
集团内销售额	428 772	454 086	25 314	环比增长了 6%，其中美国公司 +21 105，德国公司 +1 297
总销售额	451 342	477 991	26 649	环比增长了 6%
直接材料	244 299	257 912	13 612	环比增长了 6%，与总销售额增幅相同
间接材料	13 915	16 780	2 865	环比增长了 21%，其中黏合剂 +2 850
工人费用	18 640	21 193	2 553	工时效率 12 月 82%，1 月 72%
外加工	171	322	151	因外包给柯城科技公司而增加
车间可变成本	35 305	37 264	1 959	环比增长了 6%
生产固定成本	57 974	58 131	157	基本持平
主营成本	370 304	391 601	21 297	环比增长了 6%，增幅与总销售额相同
毛利	81 038	86 390	5 352	
管理费用	1 146	1 345	199	环比增长了 17%
利息费用	1 512	1 265	−247	环比降低了 16%
汇兑损失（收益）	−3	−32	−29	外币付款结算汇率差为 −29
税前利润	78 383	83 813	5 430	环比增长了 7%
所得税	19 275	21 312	2 037	
净利润	59 108	62 501	3 393	环比增长了 6%

　　看到这张表后，总经理不禁皱起了眉头道："你们的数据分类有问题，我知道这个月工厂的货绝大多数卖给了集团内的德国公司与美国公司，总销售额增加的这 6% 根本反映不出经营的好坏。我问你们，这个月与上个月相比，出货量是增加了还是减少了？缺少这个信息，我无法判断成本费用的高低。而且你们在费用中虽然列示了工人费用、材料费用，却没有我想了解的经营信息。我不想看到这样的流水账分析，请你们给我一张活的数据分析表，一张与经营直接挂钩的数据分析表。"

　　总经理提出的要求一度让财务团队感到非常迷茫，在这种情况下，我应邀来到该公司，和财务团队重新整理了数据，用一周时间做出了一张完全不一样的分析表（见表 1-5）。

表 1-5　公司月度盈亏分析表（修改版）（金额单位：千元）

项目	12 月	1 月	差异	差异（%）	分析说明
第三方销售额	22 570	23 905	1 335	6	向新客户 ADS 首次出货销售额 +3 595
集团内销售额	428 772	454 086	25 314	6	出货量 +9%，转移定价 −3%。A 客户 +12%，B 客户 −3%
总销售额	451 342	477 991	26 649	6	
直接材料	244 299	257 912	13 612	6	出货量 +9%，结构差异 −2%，铜板起用当地供应商 −1%
间接材料	13 915	16 780	2 865	21	因泰国洪水，黏合剂改用日本原厂商 +2 850
工人费用	18 640	21 193	2 553	14	无效工时增加了 17%，其中进料标贴检验、小样补单、等待物料和返工占无效工时的 80%
外加工	171	322	151	88	王巷工厂停电两天增加外加工 +151
车间可变成本	35 305	37 264	1 959	6	发货增加 9%；夹具 +325（A 客户 β 项目一次性购买）
生产固定成本	57 974	58 131	157	0	新厂房开始提折旧 +510；自建气站启用：氮气 −355
主营成本	370 304	391 601	21 297	6	成本增加主因：材料结构优化，主材起用本地供应商
毛利	81 038	86 390	5 352	7	
管理费用	1 146	1 345	199	17	停产项目专项设备提前报废增加 +210
利息费用	1 512	1 265	−247	−16	一厂工程借款上月到期已还清
汇兑损失（收益）	−3	−32	−29	970	外籍人士年终奖境外支付，付款日与月末汇率差
税前利润	78 383	83 813	5 430	7	
所得税	19 275	21 312	2 037	11	
净利润	59 108	62 501	3 393	6	材料成本下降与内部转移价格调整对净利润的影响相抵消

对比这两张分析表，我们会发现以下几个需要特别注意的问题。

1）数据分析应把握好经营主体。

在表1-5中，销售数据按照量与价分别计算，更显清晰、详尽。通过数据我们很快就会发现：这家公司1月增加的总销售额中有95%（集团内销售额增加的2 531.4万元除以总销售额增加的2 664.9万元）来自集团内，且集团财务总部在1月将内部转移定价下调了3%，虽然总销售额只比上月增加了6%，但实际出货量却比上月增加了9%。与此同时，主营成本只增加了6%，这说明经营绩效有向好的迹象。可是表1-4却告诉我们"净利润增长幅度与总销售额增长幅度持平"，也就是说，虽然使用了同一套数据，却得出了不同的结论。

之所以会出现这样的问题，是因为财务团队在做数据分析之前，没有准确定位经营主体，也没有弄清楚经营主体的核心职能，这样做分析一定是有问题的，甚至会得出误导管理层的错误结论。

想要避免这种情况，我们就应当准确定位经营主体，要看所分析的公司是一个独立对外的经营主体还是集团内履行某一职能的子公司。比如本案例中的公司将绝大部分产品卖给了集团内的销售公司，由于单价是内部结算价，它的销售收入对于总部而言是毫无意义的。从集团内销售公司的角度来分析，其对外的销售额是有参考价值的，但其采购成本是按内部价格结算的，所以其采购成本是没有实际意义的。

为了便于理解和记忆，我列了一张对照表（见表1-6），供大家参考。

表 1-6　财务分析的重点

经营主体	销售收入	成本费用
销售公司	√	×
加工工厂	×	√

表 1-6 中画"√"的项目是我们应当进行重点分析的"活数据"，画"×"的项目则代表无真实意义的数据，即"死数据"。同样，我们在做分析报告时也要先辨明数据的"死活"，即要先搞清楚哪些是有意义的数据，才能着手进行分析。

2）数据分析应深入到业务层。

我们再来看费用分析部分，表 1-5 对材料费上涨的说明不是简单地按财务账套结构中的主材（直接材料）与辅材（间接材料）来解释的，而是深入到了业务层进行解释。

比如表 1-5 显示间接材料的费用增加是因为出现了泰国发洪水的意外情况，导致那些把工厂开在泰国的日本供应商无法交付黏合剂，公司不得不转而向它们的日本总部要货，所以价格明显要贵很多。这样的分析就抵达了业务端，总经理一看就能明白，并且还能根据数据做出更好的趋势判断——因为这种局面预计还要持续两三个月，所以可以提前采取一些措施以减少损失。

看到这里，很多财务人员可能会感到困惑，因为大家在做分析报告时，常常习惯从 SAP 或金蝶系统生成的数据表中直接导出数据，然后再做些解释说明，但是这并不算是真正的财务分析。真正的财务分析就像是在架一座桥，桥的一端是财务数据，另一端是业务场景。比如表 1-5 就将财务数据与"泰国洪水""工厂停电""向新客户 ADS 首次出货"等业务信息关联到了一起，这样的数据才是活的数据，而账务上的数据，如外包费用、折旧费用、期间费用等就不具备这样的参考价值。

3）数据分析应提供改良的"抓手"。

财务数据应当为业务部门、管理层提供提升和改良的"抓手"，但很多公司的数据却一直无法抵达问题的核心。

就像上面这个案例，因为账务与业务之间的差异，该公司长期以来一直存在很高的沟通成本——财务部提供的数据没有穿透力，业务部门或管理层找不到提升改良的抓手，导致大家长年累月绕着问题在讲，却一直没有抵达问题的核心。

那么，如何让财务分析数据具有业务穿透力呢？这里分享一条实操经验——统计列示法。对于那种一时找不到思路的问题，我们可以通过数据统计，在一定的范式中找到症结，再寻求对症下药的解决方法，这就是"统计列示法"。

比如在表 1-5 中的"工人费用"，1 月比 12 月上升了 14%，这里给出的解释是：无效工时增加了 17%，其中进料标贴检验、小样补单、等待物料和返工占无效工时的 80%。

所谓无效工时就是不能带来产出的投入工时。为了让总经理了解具体的业务原因，我让财务团队去车间搜集并记录了一组工时数据，制成了一张工时数据明细表（见表 1-7）。

表 1-7   工时数据明细表

指标	月份	
	12 月	1 月
工时效率（有效产出工时总和 ÷ 付薪工时总和）	82%	72%
无效工时比（付薪工时总和 ÷ 有效产出工时总和 −1）	22%	39%

下面我将对表 1-7 中数据进行说明。

1）表中列出的"工时效率"，可以按照下面的公式来计算：

工时效率＝有效产出工时总和 ÷ 付薪工时总和

例如有 1 000 个工人的工厂，每个工人的月工作时长按 176 小时计算，付薪工时总和为 17.6 万小时，如果一个月共生产了 1 万个产品，每个产品的标准工时为 10 小时，那么该月有效产出工时总和就是 10 万小时，由此计算出的工时效率约为 57%。

按照这样的方法，可以计算出其 1 月工时效率为 72%，比 12 月低 10%，这个数据变化就应当引起我们的注意。

2）表中列出的"无效工时比"，计算公式如下：

无效工时比 = 付薪工时总和 ÷ 有效产出工时总和 −1

根据公式，我们计算出其 1 月无效工时比为 39%，也就是说这个月有 39% 的时间实际上是被浪费掉了，而上个月的无效工时比只有22%，一下子增加了 17%，问题究竟出在哪里呢？

为了找到原因，财务团队又根据从一线车间获得的数据统计出了一张无效工时明细表（见表 1-8）。

表 1-8　无效工时明细表

工序	无效工时（小时）	占总无效工时比例（%）	改进措施
进料标贴检验	82 983	32.1	将供应商标贴质量问题纳入打分体系
小样补单	64 569	25.0	非紧急小样集中处理
等待物料	59 897	23.2	培养操作工具备多种技能
工时手工录入	11 685	4.5	
焊锡返工	7 453	2.9	
重新上料	6 541	2.5	
安检	4 152	1.6	
配单	3 643	1.4	
数据输入	3 325	1.3	
结单	2 789	1.1	
收发货	2 574	1.0	
换胶带	2 365	0.9	

（续）

工序	无效工时 （小时）	占总无效工时 比例（%）	改进措施
清洗钢网	2 217	0.9	
维护夹具	2 154	0.8	
QC 抽检	2 055	0.8	
Top3 项无效工时合计	207 449	80.3	
当月总无效工时	258 402	100.0	
当月总工时	662 581		

从表 1-8 中，我们可以很清楚地发现，这 39% 的时间主要浪费在前三项工序上。

1）"进料标贴检验"工序的耗时在当月总无效工时中占比接近 1/3。之所以会出现这种情况，是因为公司与一家新供应商合作，结果却出现标贴问题，经常有订单号与品名代码不一致，导致工人不得不做很多不必要的核查与人工录入工作，耽误了不少时间。

2）"小样补单"工序耗时在当月总无效工时中占比达到了 25.0%，主要是因为给客户打样的产品用的是临时品名代码，很多数据在系统里查找不到，导致工人每次开工单时都要先填入很多基础数据。

3）"等待物料"工序耗时在当月总无效工时中占比达到了 23.2%，主要是因为有些材料没有同步到位。就像 1 月的时候临近过年，很多家在外地的合同工提前回家，使得配料的人手不够，造成耗时的明显增加。

找到问题之后，下一步就要寻找解决方案。比如针对进料标贴检验问题，可以让采购部责成供应商提升管理水平，贴好标贴才能送货，这属于向外整合的供应链管理问题；针对小样补单的问题，则应由计划部对小样与大货做一样的数据建档工作，这属于内部管理问题；至于等待物料问题，从表面上看属于计划问题，实则是工人的技能单一问题，应当让等待物料的员工学习如何配料，才能从根本上突破人手不足的瓶颈。

事实上，找到这样的解决方案并不难，难的是通过分析和统计"盘活"数据，让数据为经营指路。

在这个过程中，我们需要把握好以下两点。

1）要相信数据而不是直觉。

管理学大师彼得·德鲁克在谈到时间管理时，说到了"记录时间""管理时间"和"集中时间"的三步法。其中首要一条是记录时间，德鲁克曾让一位接受咨询的企业家由其秘书记录其各项工作时间，一周之后，那位企业家发现自己居然把那么多的时间花在开会上。

这个例子提醒我们，直觉有时可能并不可靠。所以我们在进行决策时，不能只依赖直觉，而是应当先提出正确的问题，再通过数据对比、细分、溯源，为问题寻找答案。唯有如此，才能最大限度地减少决策的盲目性。

2）学会抓重点、抓主要矛盾。

在统计分析数据的时候，我们还要学会抓重点、抓主要矛盾。有时面对一个棘手的问题，其数据非常烦琐，让人找不到头绪，此时我们就可以采用抓大放小的"80/20 法则"。所谓的 80/20 法则，就是任何一组事物中，最重要的只占其中一小部分，也就是大约占 20%，而其他 80% 尽管是多数，却是次要的，重要性远不及那 20%。

本节案例中的无效工时数据就是用这条法则来处理的：在 15 个工序中，有 3 个工序的无效工时占到了总无效工时的 80%，这就是我们需要特别关注的项目。

这条"80/20 法则"对财务人员特别有启示意义，因为财务从业人员，特别是从出纳、报销、报税岗位一路做到成本会计的从业者，往往会下意识地以"一个都不能少"的思维方式去追求完备的数据分析与解释，其实这是没有必要的。我们在工作中应当以管理的思维去抓重点，才能灵活、高效地运用好数据。

金句 ┃ 凡是不能联结到业务的财务数据都是死数据。

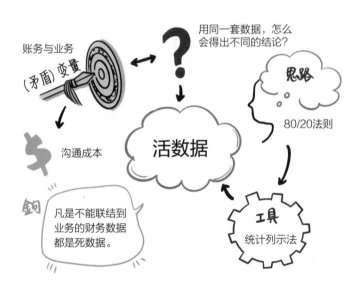

04

伪数据

KPI 都达标了，
财务绩效为何却不达标

现在很多公司都会出现这样的问题：平时每周的经营例会上，各个部门报告的 KPI 完成情况都很不错，例如采购部通过谈判实现了降价，销售部的新品成交订单激增，生产部的出货量超过预期……然而，总经理看到财务报表后却会"倒吸一口凉气"，不明白利润为什么会下滑得如此严重。

这种情况的背后，藏着一个有趣的现象——"真实的假数据"。也就是说，这些数据本身都是真实的，但因为它们只是片面的数据，没有呈现出整体运营情况，所以很容易造成实质性的误导。

我从事财务管理多年，曾在有设计、生产、采购、销售等完整价值链的制造型企业工作过，发现许多部门都在有意无意地提供这种"真实的假数据"，这种数据也可以称为"伪数据"。

表 1-9 列出了一些常见的伪数据。

表 1-9　各部门的伪数据

部门	伪数据	传递的信息	掩盖的问题
销售部	A 产品销售额比去年同期增加了 30%	A 产品业绩出色	距目标还差 10%
采购部	BOM 中的材料成本达成了降至 60% 的目标	谈判降价有成效	主材降价为客户主导的
生产部	成品入库数达成目标	完成产量指标	上期的大量半成品滚入
工程部	本周 95% 的产品良率好于上周	良率管控有效	有 50% 的产品良率不如最佳周
事业部	A 产品利润比目标高 10%	A 产品前景喜人	超额利润的 70% 得益于汇率升值

从表 1-9 中，我们可以看到，A 产品销售额比去年同期增加了 30%，这个数据乍看上去很可观，但没有什么参考价值，主要是因为去年的基数实在太低，即使现在增加了 30%，离年初定的目标还差 10%。由此可见，这里的销售额增长数据就是一个伪数据，如果我们被这个伪数据误导，就会错误地认为 A 产品的销售业绩很出色。

同样，采购部、生产部、工程部、事业部也会有提供伪数据的情况。有意思的是，一家公司的总经理越是强势，这种伪数据出现的频率就会越高，这种现象与"影响力成本"有很大的关系。

"影响力成本"其实是一个经济学概念，在财务会计中我们找不到它的踪迹，因此很容易忽视它的存在，可是在管理会计中，我们却不得不考虑它的潜在影响。它一般存在于达到一定规模的企业中，由于企业内部结构复杂、矛盾交织，不同部门的中层负责人会为了部门利益或个人利益去影响高层决策，甚至可能出现故意夸大事实、以偏概全等"数据造假"的问题。

另外，总经理自身的性格问题也不容忽视。比如有些性格强势的总经理脾气非常暴躁，一看到问题就要拍桌子骂人，这很容易导致下属"报喜不报忧"。有时明明出现了产品质量问题，已经造成了退货，下属却一直知情不报，等到总经理发现数据不正常时，往往已经给公司造成了巨大的损失。

作家王小波曾经创作过一篇名为《花剌子模信使问题》的文章，文中有这样一段小故事："据野史记载，中亚古国花剌子模有一古怪的风俗，凡是给君王带来好消息的信使，就会得到提升，给君王带来坏消息的人则会被送去喂老虎。……花剌子模的君王有一种近似天真的品性，以为奖励带来好消息的人，就能鼓励好消息的到来，处死带来坏消息的人，就能根绝坏消息。"

某些习惯于强势管理的总经理和花剌子模的君王有相似之处，因为"心理投射"的关系，他们会将带来坏消息的人投射为坏消息的肇事者。对于下属来说，如果只是传递信息都会"遭殃"，那他们自然会"三缄其口"，而那些真正该对坏消息负责的人，更是会尽力掩盖问题，报喜不报忧。

那么，我们应当如何尽可能地杜绝这种伪数据问题呢？

1）业务会议要呈现问题、解决问题。

这里介绍一个实操工具——例外管理法则。它实质上是一种"聚焦管理"，假设一切都是好的，只要抓住有问题的点，也就抓住了全局。西方的个人所得税申报制度采用的就是例外管理法则，假设每个人都是如实申报的，那么只要惩罚不守规矩的人，就能够抓住全局。

在 KPI 业务会议中，例外管理法则的运用就是少讲功绩，多谈问题。业务会议最好以呈现问题、解决问题的方式来开，即使暂时没有问题，我们也要学会主动"制造问题"。

对于这一点，我将用一个案例来进行说明（见表 1-10）。

表 1-10   周成品率对照分析表

产品名称	第 15 周 (本周) 报废金额 (单位: 元)	第 15 周良率 (%) (A)	第 14 周良率 (%) (B)	本周与上周差异 (%) (A−B)	最佳周良率 (%) (C)	本周与最佳周差异 (%) (A−C)
123-219	2 313 748	75.7	75.2	0.5	77.3	−1.6
123-212	503 853	79.7	79.7	0.0	80.7	−1.0
123-204	369 123	90.5	90.6	−0.1	91.0	−0.5
123-214	229 277	76.7	76.0	0.7	76.0	0.7
678-215	192 420	92.6	92.2	0.4	92.2	0.4
123-216	185 229	93.3	93.1	0.2	93.2	0.1
123-217	159 857	83.7	82.8	0.9	82.8	0.9
456-203	127 189	94.3	94.0	0.3	94.0	0.3
123-217	115 115	94.7	94.1	0.6	94.5	0.2
123-220	112 147	92.5	91.9	0.6	92.0	0.5
123-221	101 867	87.8	87.3	0.5	87.3	0.5
123-222	86 348	87.9	87.6	0.3	89.4	−1.5
123-223	69 534	71.7	71.9	−0.2	74.6	−2.9

我在 A 公司工作的时候，以前每周开成品率分析会，往往只是将本周数据与上周数据进行对比（如表 1-10 中的第 5 列数据所示）。观察这列数据，我们会发现除了第 3 个和最后一个产品外，本周其他产品的良率都优于上周，这似乎给了总经理一个暗示：本周的良率很高。

但事实真是如此吗？我要求加入一列最佳周的数据，然后列示本周数据与最佳周数据的差异（如表 1-10 中的第 7 列数据所示），总经理突然发现有近一半产品的良率不如最佳周的表现。

在这里，我通过增加数据揭穿了伪数据的真相，也让总经理发现了关键性的问题，之后总经理只要重点关注有问题的点，便可以把控全局。

2）财务部要承担起"数据打假"的职责。

想要杜绝伪数据，就需要一个不受利益冲突影响的中性部门作为"数据纪委"来承担"数据打假"的职责。业务部门是需要背负 KPI 指标的，在影响力成本的作用下，很容易做出错误决策，并会倾向于提供"真实的假数据"，所以由它们担任"数据纪委"的角色并不合适。

那么，由谁来担任这样的中性角色呢？只有财务部能够担当打假的"数据纪委"的角色。因为财务部自身不背负具体的业务指标，而且财务部掌握最多的数据，所以"数据纪委"的角色非财务部莫属。

因此，在平时的 KPI 会议上，财务部要注意发挥好监督作用，当各部门你方唱罢我登场，竞相展示其工作业绩，用以偏概全的伪数据掩盖问题、传递错误信号的时候，财务部就要理所当然地承担起"打假"的责任。

比如采购部在汇报谈判绩效时，只讲了 BOM 中的材料成本达成了降至 60% 的目标，却没有说明主材降价是客户主导的，是因为客

户在要求我们降价3%时，利用其在价值链中的影响力，要求我们的
供应商也降价3%，所以现在的材料成本达标，是以牺牲售价换来的，
这就不能算作对利润有额外贡献的谈判绩效。对此，财务部就应当
及时"打假"，要把数据放在完整的背景中展示出来，才不会误导总
经理。

另外，财务部可以用我在本模块"小数据"一节里用到的历史成
本去还原全过程，也可以用横向关联法找出伪数据与最佳数据的差
距，还可以用公司的整体测算数据评价单个部门提出的决策方案。这
些还原、比较、整体测算的方法，可以最大化地降低影响力成本给组
织经营决策带来的危害。

金句 ┃ 白天让总经理醒着，好让他晚上好好地睡。

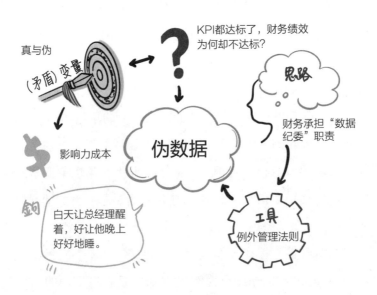

软数据

为何 ROI 是正的，
项目最后却亏本

前面 4 节所讲的大数据、小数据、活数据与伪数据，不管大小真伪，都是量化的数据，而本节要讲的"软数据"不是传统意义上的量化的数据，而是一种非结构化数据。

什么是非结构化数据呢？一个简单直观的定义就是 Excel 数据表格无法直接处理的数据，比如送货车辆的位置信息、考察竞争对手开工率用的烟囱冒烟量、新闻联播里关于支持小微企业复工复产的政府补贴报道，等等。这些信息无法用格式化的数据直接记录并进行运算，但对于企业的经营绩效却同样重要，那些善于利用非结构化数据的企业，往往能够取得减少成本或增加收益的财务效果。

这样讲可能比较抽象，还是举一个例子来说明吧。图 1-3 是 2002 年我被派驻到德国工作时租的房子。

有一次，我的儿子带同学来家里玩，几个男孩子在玩耍时弄坏了客厅的门。事后我主动联系了房东，询问她是否可以换上我看好的一款欧倍德（OBI）房门。没想到房东太太严厉地拒绝了我，还对我说："OBI 的东西是不能进我们家的。你没看见我们家所有的家具、地板、楼梯都是同一个颜色的吗？如果要更换房门，必须保证和原色一样！"

图 1-3　2002 年我在德国租住的房子

可能是觉得自己的态度过于生硬，房东放缓了语气，给我出主意道："钱先生，您别担心。我一会儿会把装修供应商的电话给您，他一定有办法处理这种问题。"

稍后，我拨打了装修供应商的电话，对方向我确认了地址和具体的楼层信息后，没有再多问什么，便与我约定会在 10 天后上门来安装。

挂了电话后，我觉得有些奇怪：他难道不应该先上门来测量一下尺寸吗？万一尺寸不对怎么办？

很快我就知道自己的担心完全是多余的。在约定的那天，那位装修供应商带着工具和材料，开车来到我家，仅用了 30 分钟就安装好了。我仔细检查了一番，发现无论是新安装的门，还是使用的各种配件，都与原来的一模一样。此时，就连我这个财务人员都不得不感叹德国人的"精打细算"和工匠精神——他们有保存客户资料、产品图纸、配件资料的好习惯，这些信息就是一种"软数据"，虽然难以量化，但它们确实存在，而且具有不容忽视的价值。

不过，在和对方结账时，我又遇到了不能理解的地方——对方明明只工作了半个小时，却要收取整整一个小时的人工费 100 欧元，而这扇门本身的价格才只有 200 欧元。对于我的疑惑，对方淡定地解释道："我从家里开车出发的那一刻，就已经开始计时了。这个人工费已经是优惠价了，因为我并没有把开车回去的时间算进去。"

这样的说法听上去似乎有点"奇葩"，但细细想来却也有一定的道理，毕竟，请他上门安装能够为我减少无效搜索、无效走动造成的信息成本，所以多付一些人工费也是合理的。

这个案例给了我很深的启示：在日常工作中，信息也是有成本的，要是管理得当，信息也能成为财富。

可是在实际工作中，很多财务人员对信息成本却没有给予应有的重视。比如，我们会妥善保存季度降价、生产产量、广告费预算等结构化数据，并会注意保存最新版本的数据，但对于非结构化的数据即"软数据"却不会那么重视，其结果就是要承担不必要的信息成本。

表 1-11 列出了企业常见的一些信息成本，它们涉及三个工作场景。

表 1-11　常见信息成本

场景	问题	信息成本
采购年度谈判	手头没有付款记录	失去要求对方降价的依据
员工恶意索赔	有利证据在已离职经理的邮箱中，找不到了	打输官司
销售员交接	未交代客户口头承诺过承担一半的样品开发费用	承担全部的样品开发费用

1）场景一：采购年度谈判。谈判中有很多重要的辅助信息，比如己方的付款记录就是其中之一。如果己方付款记录良好，就可将其作为要求对方降价的依据，在谈判中可以理直气壮地"砍价"。然而，在实际工作中，很多采购员却没有处理好这方面的信息，由于手头没有付款记录，也就失去了要求对方降价的依据，可能本来能够说服对方降5%，结果对方却只是象征性地降了1%，这是让人感到非常遗憾的事情。

2）场景二：员工恶意索赔。员工恶意索赔是企业难以避免的场景之一，此时如果有足够的信息，便能够轻松化解。但实际上，很多企业却会出现证据保管不善的问题，比如有利证据在某一个已离职经理的邮箱里，已经无法找到，由此导致的结果就是打输官司。

3）场景三：销售员交接。员工交接特别是销售员交接时，也容易出现信息成本。比如客户得到了前一个销售员的热情款待，心情不错，口头答应可以承担一半的样品开发费用，但在该销售员离职时，这样的信息却没有及时交接给新人，结果本来可以让客户承担的那部分样品开发费用不得不由企业来承担。

凡此种种，都是因为存在人为的信息不对称，才造成了企业方面面的损失。那么，我们该如何避免这类信息成本呢？

一个相关的管理思路是浮现隐藏假设。我们平时做的决策以及相应的执行落实，其实都带着某种隐藏的假设，像上面的三种场景就可以扩展出相应的隐藏假设（见表1-12）。

1）在采购年度谈判场景中，采购员的隐藏假设是：采购部掌握了公司与这个供应商相关的所有信息，但事实上，付款记录却在财务部，如果采购员没有想到去调用，就会在谈判中"吃暗亏"。

表 1-12　浮现隐藏假设

场景	问题	信息成本	隐藏假设
采购年度谈判	手头没有付款记录	失去要求对方降价的依据	采购部掌握了公司与这个供应商相关的所有信息
员工恶意索赔	有利证据在已离职经理的邮箱中，找不到了	打输官司	新任经理已经接收了前任的所有信息
销售员交接	未交代客户口头承诺过承担一半的样品开发费用	承担全部的样品开发费用	新接手的销售员已经接收了前一个销售员关于客户的重要历史信息

2）在员工恶意索赔场景中，隐藏的假设是新任经理已经接收了前任的所有信息。但实际情况却并非如此，而且有些关键信息不马上以可搜索的主题词存档的话，时间久了，就会淹没在信息的海洋里，能够被找回来的可能性几乎为零。

3）在销售员交接场景中，隐藏的假设是新接手的销售员已经接收了前一个销售员关于客户的重要历史信息，但实际上，很多非结构化的信息需要更明确的交接清单来确认，才能完成全盘交接。

上述这些隐藏假设其实就是一种非结构化的软数据，很多时候都存在于人的大脑中，想要让它们"浮现"出来，单纯依靠常规的案头数据分析是做不到的，我们只能借助于一种实操方法，就是实地调研。

大家可能会觉得实地调研很麻烦，也很费时间。其实并不是这样，只要我们有主动去探索的意识，利用午休散步的时间就可以完成一次简单的调研。

我就曾经在午休时到厂区散步，发现有工人一直停留在吸烟区。我出于好奇与他们交流了一番，居然了解到了这样一个信息：工厂推行机械手自动化生产后，一部分手工操作虽然被机器操作替代，却没有带来实质性的增效——省下的时间没能被用来创造效益，而是被员工在吸烟区和其他休息区浪费了。我看到的抽烟次数的增多与抽烟时间的延长，就是一个浪费时间的缩影。

我对这个问题非常重视，回到办公室后，立刻让审批设备投资的成本会计调出相应的固定资产投资回报 ROI 测算表（见表 1-13）。

表 1-13 从表面上看都是结构化的数据，比如投资前人工小时产出量、使用自动化设备小时产出量、人工平均每月成本，等等。这些数据本身没有问题，问题是我们遗漏了一个关键信息，一个隐藏的假设——自动化达成率。

这张表的隐藏假设是达成率为 100%，其演算逻辑为：投资前每小时人均产出 1 000 片，改用自动化设备后可以提升一倍的效率。原来车间里有 60 个工人，由于效率提升一倍，投资后只需要 30 个工人了。这背后的假设是：省下的 30 个人会百分之百无缝对接到其他工位上，但事实却并非如此。

于是我要求修正这个表格，加入"自动化达成率"这个隐藏假设（见表 1-14）。这个修正就是使隐藏假设浮现出来的动作，它能够让人们脑海中模糊的概念变得清晰起来，并可以用历史数据加以检验。

此处我们假设自动化达成率为 80%，将这个数据代入计算，就会发现本来为正值的净现值（279）变成了负值（-678），推翻了之前的投资测算结果。

这个例子也能够解答很多公司在设备投资上遇到的一个问题：为什么 ROI 是正的，项目最后却亏本？

表 1-13　固定资产投资回报 ROI 测算表——净现值测算

投资设备名称：机械手　　总投资额：4 500　　币种：CNY　　日期：2018.12.1

对应产品或项目：X001　　订单开始：2019.1　　申请部门：工程部　　备注：

（金额单位：千元）

项目	业务假设	Year 0	Year 1 Q1	Q2	Q3	Q4	Year 2	Year 2 设备残值处理（残值按设备投资的10%计）
设备投资		-4 500						
现金流入								
投资前人工小时产出量（片）	1 000							
使用自动化设备小时产出量（片）	2 000							
效率比	200%							
车间工人数量，投资前	60		60	60	70	70	76	
车间工人数量，投资后	30		30	30	35	35	38	
工人人数节约	30		30	30	35	35	38	
人工人均每月成本	7							
现金流节约			630	630	735	735	3 192	
设备测算期结束时残值（若有）								450
折旧（仅用于税前的计算）			-506	-506	-506	-506	-2 024	
税前利润			124	124	229	229	1 168	450
所得税（25%）			-31	-31	-57	-57	-292	-113
净利润			93	93	172	172	876	337
现金流合计			599	599	678	678	2 900	337
现金流折现数（投资金成本15%折现）		4 779	577	557	609	589	2 193	254
净现值（NPV）		279						

表 1-14　固定资产投资回报 ROI 测算表——净现值测算（修正后）

投资设备名称: 机械手　　总投资额: 4 500　　币种: CNY　　日期: 2018.12.1　　（金额单位: 千元）
对应产品或项目: X001　　订单开始: 2019.1　　申请部门: 工程部　　备注:

项目	业务假设	Year 0	Year 1				Year 2	备注
			Q1	Q2	Q3	Q4		
设备投资		-4 500						
现金流入								
投资前人工小时产出量（片）	1 000							
使用自动化设备小时产出量（片）	2 000							
效率比	200%							
自动化达成率	80%							
车间工人数量，投资前	60		60	60	70	70	76	
车间工人数量，投资后	38		38	38	44	44	48	
工人人数节约	22		22	22	26	26	28	
人工平均每月成本	7							
现金流节约			462	462	551	551	2 352	
设备测算期结束时残值（若有）							450	Year 2 设备残值处理（残值按设备投资的10%计）
折旧（仅用于税的计算）			-506	-506	-506	-506	-2 025	
税前利润			-44	-44	45	45	327	
所得税（25%）			11	11	-11	-11	-82	
净利润			-33	-33	34	34	245	
现金流合计			473	473	540	540	2 270	
现金折现数（按投资金成本 15% 折现）		3 822	456	440	485	470	1 717	
净现值（NPV）		-678						

原因就在这类隐藏假设里。想要发现它们，我们就要走出自己的办公室，多去进行实地调研。这种实地调研在日本企业很常见，被称为 Gemba Walk，下面我将列举一些能够通过实地调研获得的软数据（见表 1-15），再来看看它们是如何提升成本分析的质量的。

表 1-15　实地调研获得的软数据

实地调研	获得信息	成本分析应用
对离职合同工进行抽样访谈	合同工没有"13 薪"而正式工有	推演收回"13 薪"成本的保本点离职率
夜班经理轮流值班巡视	夜班不配备工程师导致报废率高	推演增加工程师投资的保本点报废率
财务人员跟随销售员参加外包仓季度盘点	外包仓工作人员不按先进先出原则发货	查出因账龄太长造成的存货报废

1）通过对大批离职的合同工进行抽样访谈，我们发现他们的不满集中于"同工不同酬"的问题，特别是合同工没有"13 薪"而正式工有，引发了合同工强烈的抱怨。对于这样的信息，财务人员可以推演收回"13 薪"成本的保本点离职率，只要离职率能够下降 20% 就值得一试。

2）公司引入夜班经理轮流值班巡视制度以后，我们发现夜班批次的成品率不如白班，原因是夜班没有工程师进行及时的质量判定，导致报废率高。对此，财务人员可以推演增加工程师投资的保本点报废率，再决定是否需要配备夜班工程师。

3）财务人员可以跟随销售员参加客户端外包仓的季度盘点，在现场盘点中，财务人员常常能够发现一些问题。比如财务人员发现外包仓工作人员没有按照先进先出的原则发货，回到公司后，就可以找出过往的存货跌价准备金明细表，从中查出哪些是因为账龄太长造成的存货报废，再根据品名代码确定相应的外包仓，如发现确属这家外包仓的问题，就可以向其开出扣款通知。

　　这三个例子可以帮大家进一步认识实地调研的作用。像同工不同酬、夜班不配备工程师、外包仓不按照先进先出原则发货，这些都是无法从结构化的数据中抓取到的经营信息，这些非结构化的软数据也是非常重要的，应当引起我们足够的重视。

金句	软数据是财务人员 PK 人工智能的硬本事。

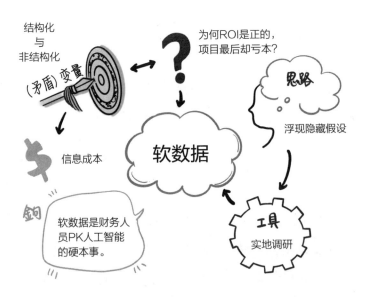

06

零数据
没有数据怎么办

无论大数据、小数据、活数据、伪数据，还是软数据，其前提都是有数据。那么，大家有没有想过，如果没有数据该怎么办？

没有数据，就是所谓的"零数据"，即只有一系列模糊的信息。我们经常遇到的风险，如汇率风险、供应商交货风险、知识产权侵权风险等，就属于此类。想要解决这类没有数据的问题，我们只需要记住一句话：没有数据就创造数据。

大家可能会问，数据真的可以创造吗？答案是肯定的。有一种创造数据的方法，是代理值估测法。

请看下面这份季度风险管理预测报告（见表1-16），表内每一项风险或机会的影响、概率、期望都是有数值的，这些数据是怎么来的呢？

表 1-16 季度风险管理预测报告 （金额单位：万元）

项目	性质	影响	概率（%）	期望
1. 汇率波动的成本影响	风险	（100）	50	（50）
2. 地方政府补贴	机会	60	75	45
3. 上游材料供应商提价	风险	（80）	100	（80）
4. 知识产权纠纷获赔	机会	200	25	50
5. 用工荒带来的工资成本增加	风险	（20）	50	（10）
总期望				（45）
总期望绝对值占下季度预测利润的比例（%）				0.5

1）第一项是"汇率波动的成本影响"，从方向上讲，此次汇率波动是一个造成资金外流的风险事件，所以其影响是负数。如果此次汇率波动可能造成的成本为 100 万元，预估发生的概率是 50%，期望就是 -100 万元 ×50%，等于 -50 万元，在表内用带括号的数字来表示。

2）第二项是"地方政府补贴"，获得此类补贴属于机会事件，如全部落实可以获得 60 万元的收入，但其中有一小部分的投资补贴没把握获得，所以我们把概率从 100% 下调到 75%，于是这一项的期望为 60 万元 ×75%，等于 45 万元。

3）第三项是"上游材料供应商提价"，原因是材料供不应求，这是一个风险事件，影响产生的成本为 80 万元。我们根据供应链分析数据预测这一事件肯定会发生，于是把概率设为 100%，期望为 -80 万元。

4）第四项是"知识产权纠纷获赔"，由于我方可能胜诉，所以此事件属于机会事件，标的金额是 200 万元。鉴于国际裁决的流程比较慢，下季度等不到裁决结果的可能性很大，所以将概率预估为 25%，期望为 200 万元 ×25%，等于 50 万元。

5）第五项是"用工荒带来的工资成本增加"，属于风险事件。我们以政府上调最低工资后的工资测算，会产生 20 万元的额外成本，执行概率为 50%，期望就是 −10 万元。

最后，我们将上面五项的期望加起来，获得的总期望为 −45 万元，其绝对值占下个季度预测利润的比例为 0.5%。

从表 1-16 的例子可以看出，在处理汇率波动的成本影响、地方政府补贴、知识产权纠纷获赔等企业没有多少掌控权的外部信息时，我们都可以填入代理值（即表 1-16 中"影响"一列的数值）来估算期望，这种方法叫代理值估测法。比如我们不知道未来汇率会如何变动，就可以先采用一个代理值，这个代理值会根据汇率的不断波动而不断变化。我们曾经只采用花旗银行预测报告中的汇率数据作为代理值，后来又找到了瑞银、渣打等 7 家投行的预测报告，用这 7 家投行预测报告的中位数平均值来做汇率的代理值，数字的置信系数就高得多了。

大家可能还会有这样的疑问：真实的汇率很可能与代理值有偏差，这样估算有意义吗？

要回答这个问题，我们需要一点儿哲学思维。事实上，从一个更广阔的视野来看，我们面对的世界就是不确定的，我们如果能够在所有不完美的答案中找到一个在当下相对合理的估计值，就可以解决很多问题了。如果大家还是有所质疑，我只能这样回答：财务工作中需要估算的情况并不少，比如每月纳税申报的数值都要求精确到角和分，但其中的折旧为什么是按 5 年推算，残值为什么是 10%？这些问题其实都离不开估算。

所以估算不是问题，问题是如何把估算的偏差尽可能缩小。通过估算，我们能够实现"没有数据就创造数据"的目标。落实到企业管理中，估算还能够帮我们实现"从模糊到模块"的管理思路。

下面来想象一个情景。

老员工老张准备离职，将手头的工作移交给了新来的小李。

半个月过去了，经理把他们叫到办公室，问老张："怎么样，你把工作都交代给小李了吗？"

老张坦然回答："经理，都交代过了。"

经理转身询问小李："小李，你感觉怎么样？"

小李挠了挠头，回答道："差不多了……"

这是一个很常见的工作交接场景，很多时候，关于交接的对话就到此为止了。但是，什么叫"都交代过了"？什么又叫"差不多了"？这样的信息太模糊了。

这也是很多公司常遇到的问题，模糊的标准、模糊的指令、模糊的反馈，必然会带来一系列的"模糊成本"。就像在上面的情景中，由于交接的标准十分模糊，大概率会出现这样的局面：一周后老张离开了公司，轮到小李独立操作，却出现了很多错误，经理不得不想办法补救。

类似的模糊成本还有很多。比如任务不清晰造成的重复劳动、沟通不明确造成的外部损失、决策不正确造成的资源错配等，所有这些，最后都会以某种形式体现在月末的利润表里，例如不必要的检验成本、额外的材料报废、设备的闲置减值，等等。

想要尽可能避免这样的问题，我们就要想办法"创造数据"，从而让问题从模糊变得具体。比如在上面的情景中，经理不妨这样问："小李，如果 10 分算满分，1 分是最低分，现在让你独立操作，你会给自己打几分？"

假如小李想了一下，说道："3 分。"

经理则可以继续追问："那欠缺的 7 分在哪里？"

小李给出具体的答案："我对跌价准备金的计算逻辑理解得不到位。"

很显然，这样的交接要比之前的做法好得多，而且能够从一定程度上减少"模糊成本"。下面这份税务会计报表交接清单（见表 1-17）在设计上就注意到了对"模糊成本"问题的处理。表 1-17 中包括 10 项，已交接的只有 3 项，计为 3 分，即对已交接项目每项赋值 1 分，对未交接项目每项赋值 0 分。像这种分值低于 6 分的交接就是不合格的，需要引起我们的重视。

表 1-17　税务会计报表交接清单

序号	项目	已交接	未交接
1	增值税进项转出表	Y	
2	财务报表到税务报表调节表	Y	
3	增值税附加税计算表	Y	
4	季度关税统计表		N
5	企业所得税汇算清缴清单		N
6	印花税等小税种月底统计		N
7	免抵退计算表		N
8	研发加计扣除计算表		N
9	永久性差异与时间性差异对照表		N
10	转移定价同期资料准备清单		N

这种为交接清单赋值的做法体现了"从模糊到模块"的原则，即将头脑中不够确定的东西尽可能明确地表达出来，以形成讨论、调整的基础。

下面我再举一个例子，十几年前，我在做投资考察时曾经用到一张"城市竞争力评分表"。

当时我们考虑在中国建一个研发中心,我作为项目组的一员参与了全部的考察与决策。我们考察了南京、西安等7个城市,发现在人才储备、政府意愿、配套供应链、亲商环境、生活宜居等几个考量标准上,这几个城市各有所长。到底应该选择哪个城市,我们一直无法达成共识,因为我们在第一天讨论中使用的都是模糊的标准,如"好""出色""不怎么样"等。

第二天,学数学出身的项目组长给出了这样的建议:对大家认为最重要的因素"人才储备"给予9分的权重,对一般重要的因素给予3分的权重,对可有可无的因素给予1分的权重,然后对每个城市在各个考量因素上的表现打出1～7分的分值,再将每个城市各因素的分值乘以相应的权重后加总,得出每个城市的竞争力加权总分。

按照项目组长的办法,我们得到了一张"城市竞争力评分表"(见表1-18)。

表 1-18 城市竞争力评分表

城市	人才储备 (权重=9)	政府意愿 (权重=3)	配套供应链 (权重=3)	亲商环境 (权重=1)	生活宜居 (权重=1)	加权总分
南京	5.5	2.9	5.5	3.8	5.4	83.9
西安	6.3	4.8	3.2	4.2	3.3	88.2
厦门	3.5	5.8	4.3	5.2	6.2	73.2
深圳	3.4	4.2	5.1	6.6	5.4	70.5
成都	4.3	4.3	4.9	3.4	5.8	75.5
大连	3.2	6.6	3.4	3.3	4.3	66.4
武汉	4.5	5.8	4.4	4.1	3.5	78.7

有了这张评分表,答案就一目了然了——我们将加权总分排在前两位的城市西安和南京推荐给总部做最终选择。这两个城市能够脱颖

而出，也是因为它们拥有更多的半导体专业人才，而"人才储备"一项正是我们给予 9 分权重的考量因素。

最终，总部在权衡之后选择在西安建设研发中心。事实证明，这个选择是完全正确的，西安的研发中心运行不到 3 年，就开始承接集团的旗舰产品研发任务了，后来该中心被英特尔公司收购，成了英特尔一个重要的研发基地。

上面这张打分表将各因素按照重要性高低赋予相应的权重，再对每个对象的各因素分别打分，这种多因素综合打分法就是一个对复杂问题进行量化处理的决策方法。后来集团在考察投资晶圆厂时也使用了类似的打分法，只不过考虑到晶圆厂投资金额非常大，便增加了一项因素——"资助力度"。

上述这些例子体现了管理会计的数据智慧。管理会计毕竟不同于财务会计，财务会计研究数据的真实来源，管理会计则着眼于数据应用场景中的解决方案。财务会计对数据普遍存在完美主义倾向，或者说有"专业洁癖"，管理会计则应当跳出这个思维误区，有的时候要敢于使用"相对数据"，不要在"绝对数据"上花太多时间。

我经常看到财务部与业务部门出现这样的争论：财务部认为业务部门的数据与最后的财务报告对不上，所以应该用财务部的数据；而业务部门却认为财务数据不能真实地反映业务状况，比如在计算工时效率时应当采用标准工时更新前的标准，这样计算结果与历史数据才有可比性。

在应对这样的争论时，我们就应当采用管理会计的思路——使用相对数据。如果业务部门坚持使用自己的版本，比如用"4-4-5"的13 周季度统计口径（一个季度的第一个月按 4 周计，第二个月按 4 周计，第三个月按 5 周计，共 13 周），我们就可以按照业务部门的版本，然后注意相对变化就可以了。

这样说可能比较抽象，还是用一个简单的例子来说明。

前几天，儿子看到我站在秤上称体重，就说："老爸，别称了，我们家的秤不准。"

我说："没关系，我不是要知道绝对正确的体重，我只是想与上周比较，看看经过这几天的锻炼后，用同一个秤称，我究竟瘦了几斤。"

我们对待数据的态度就应当如此，与其等待一个完美的标准，不如创建一个不太完美的数据标准，然后进行比较，这一样能够起到评测的效果。这一点对于管理会计的成长尤其具有参考意义。很多公司的管理会计都是在做完财务会计的一个个模块（比如出纳、应付款、总账）后才转岗过来的。其实两者的能力要素是不一样的，财务会计要求精准，管理会计注重有用。所以，从财务会计转岗过来做管理会计的财务人员，一定要先确立"有用比精确更管用"的新思维，在遇到零数据或模糊问题的时候，要学会"创造"数据，变模糊数据为模块数据，才能让看似棘手的问题迎刃而解。

金句 | 有用比精确更管用。

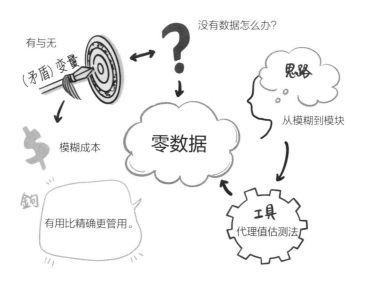

第 2 模块

成本分析

07

标准成本

标准成本比实际成本好在哪里

什么是标准成本？在大企业做过成本会计的财务人员，对于这个概念一定非常熟悉，但是中小企业的财务会计对此却未必会有清晰的认知，也说不清为什么管理水平更高的企业会采用标准成本而抛弃实际成本。

这也是我多年来从事财务管理发现的一个共性问题，很多财务人员更多地专注于日常的具体工作，他们忙于处理各种报表，搜集数据做各种分析，一直都在致力于解决"如何做"（How）的问题，若是问他们"为什么"（Why）的问题，他们就会感到茫然无措。比如对于上面这个标准成本与实际成本的问题，他们即使回答，也多半是"便于结算""保证外部审计报告的一致性"之类的回答。但这些回答并没有触及关键，其实二者最关键的差别是：使用实际成本只是在做账，而使用标准成本则是在管账。

下面这张简图描绘了加工环节的增值过程（见图 2-1），大家可以

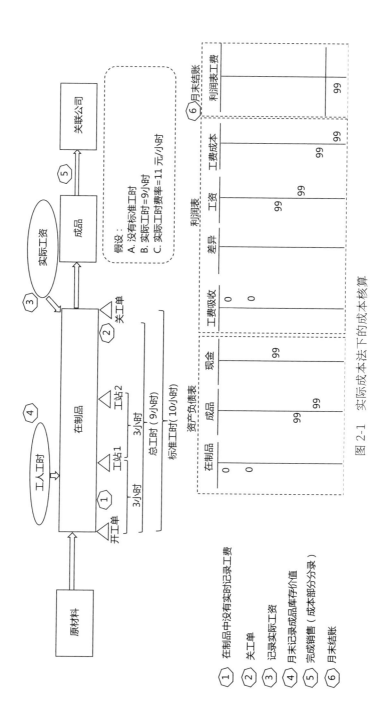

图 2-1　实际成本法下的成本核算

从图中看到在采用实际成本法时是如何进行成本核算的。

图 2-1 由两部分组成，上半部分是简单的站点变动示意图。从原材料领料开始，到开工单进入车间生产，经过若干个加工工站后关工单，之后产品以成品入库，最后再卖出。

下半部分，左侧的①～⑥说明了按时间展开的记账过程，右侧为以 T 型账列示的报表科目。在这里，我们会发现以下几个非常明显的问题：

1）从仓库领料到开工单，将原材料发放到工位，并完成增值加工（对应图 2-1 中的①和④），在这一阶段，实际成本法并不实时记录增值劳动的价值沉淀。换句话讲，9 个小时的工人劳动所创造的价值并没有同步反映到在制品的价值中去。

2）关工单后产品以成品的形式入库（对应图 2-1 中的②），这一步骤也没有任何账务上的记录。

3）假设实发工资为 99 元，在工资里直接记录 99 元的费用（对应图 2-1 中的③）。到了月末结账时，将生产该产品的 99 元工资结转到工费成本中去，构成存货中料、工、费当中的工费部分，反映出有 99 元的工费沉淀到该产品中去了。最后完成销售时，再将 99 元的成本转到利润表的费用中去。这一过程虽然完成了对工费的账务记录，却是到月末结账进行成品价值结转时才完成的。

下面我们再来看看在采用标准成本法时如何进行成本核算（见图 2-2）。

第一步，发料到车间，在第一个工站产生了工人工时，由于事先设立了一个 10 元 / 小时的标准工时费率，所以完工 3 小时对应的 30 元工费就会即时沉淀到产品中去。

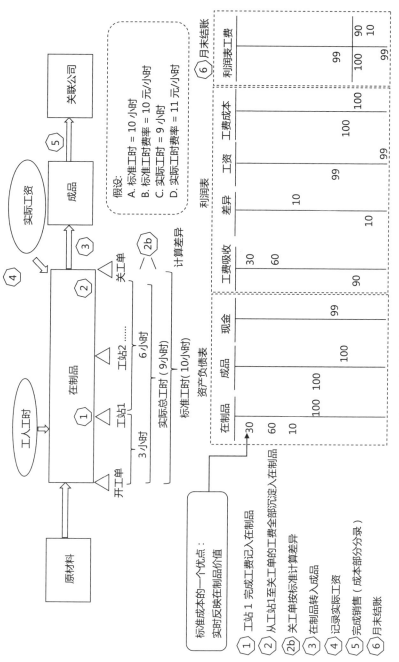

图 2-2　标准成本法下的成本核算

第二步，完成生产时，假设工站 1 到完工需要 6 小时，此时就会以 60 元的价值记录该工位的标准成本，这样累计产生了 9 小时的实际工时，而标准工时为 10 小时，我们可以计算并记录 10 元工费的差异。

第三步，将在制品按 100 元标准成本转为成品。

第四步，记录实发工资 99 元。

第五步，完成销售，并以 100 元的成本结转费用，最后月末结账时差异全部勾销，只留下 99 元的实际成本。

对比上面这两张图表，我们会注意到以下两点：

1）采用标准成本法时，在材料经过每一个工站进行增值加工的环节中，劳动力附加值会同步反映到相应的在制品价值中去。同时，折旧、水电费等也都会通过标准费率乘以标准消耗量的方式沉淀到产品中去。所以，标准成本法的一个显著优越性就是可以实时反映资源的消耗状况，而不是像采用实际成本法那样要到月末结账时才能将相应的费用结转到产品中去。

2）采用标准成本法时，作为预先估算的成本，标准成本与实际的发生额往往有一定的差异，在关工单的同时，"差异"金额会挂到临时性的"差异"科目中去。在月末结账时，再以"调账"（True-up）的形式，将标准成本实际化，以消除差异，从而符合"产品成本必须以实际消耗来记录"的计价准则。

通过上面这个案例我们可以发现实际成本法与标准成本法的本质差异：实际成本法是一种核算思维，仅仅满足了按产品真实成本消耗进行记账的要求；标准成本法体现了一种管理思维，可以实时管控产品在不同阶段沉淀的价值。

标准成本法也体现了会计从记账思维到管账思维的演变。为什么说是管账思维呢？我们来设想一下下面的业务情形。假设在月中，我们突然接到客户的通知，称某产品因为市场变化要减产，客户要求各个供应商上报潜在损失，以便进行相应的补偿结算。

如果我们采用的是实际成本法，就要等到月末所有的料、工、费都完成核算后，才能进行成本结算，在月中的某个时点是无法知道有多少在制品及其分别处于何种增值加工状态的。我们只能等到月末再将事后报告通报给客户，但这样做不但无法及时提供客户所需的潜在损失数据，还会让客户觉得我们事后提供的数据有夸大损失的嫌疑。

但如果使用了标准成本法，就像图 2-2 所演示的那样，我们就可以知道产品在任何一个工站的分布情况，从而能够产生即时的存货价值报告，避免很多不必要的问题。

除了这种客户临时中止项目的情形外，还有很多情形也应当采用标准成本法。比如有了用标准成本法计算的实时存货成本，管理层就可以知道现在"踩刹车"的损失是多少，甚至可以根据生产进度精确推算出早一天做决定可以避免多少材料增值损失。

由此可见，标准成本不只是改变了记账方法，还体现了一家公司事前把控的能力。而好的管理会计也可借助标准成本做到事前合理推演，事中及时采取有效措施，以避免事后分析的无奈。

说到标准成本和实际成本，必然离不开一个实操方法——差异分析。差异分析可以通过直观地呈现数据来反映经营中的绩效差距，以便对症下药，在业务的源头解决问题。

让我们来看看下面这个案例。图 2-3 列示了料、工、费这些产品成本要素的一些基本参数，比如构成工人费用的成本由耗用工时和小时工资决定。在一定的经营期间，如果没有加薪之类的特别调整，可以认为小时工资是一个常数，所以我们要重点把控的是标准工时的设置与比较。

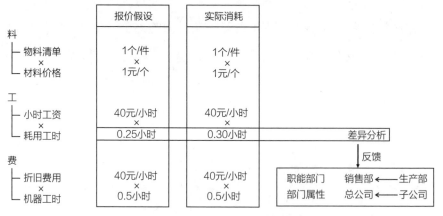

图2-3 料、工、费的部分参数

在图2-3中列示了两组数：报价假设数与实际消耗数，报价假设数是销售部在对外报价时假设的标准，在很多情况下是结合实际能力与竞争的需要来设定的，代表了一种"努力一下应当可以达到"的绩效标准。

比如假设在某个工位完成相应的操作需要0.25小时，而实际消耗工时则是通过一个月投入的工作时间除以当月的产出数量计算得到的，为0.30小时，也就是说，实际消耗工时比假设标准多了20%。

在这种情况下，产品的利润显然会比报价假设的低。为了弥补差异，生产部就要通过探索各种改良措施去减少实际用时，比如可以对工人进行更有针对性的培训，也可以重新调整流水线的作业距离以减少无效移动，或者可以适当加快机器的送料速度以充分挖掘操作潜力，等等。

通过这个案例，大家可以看到差异分析是如何将企业的内部水准与参与外部市场竞争的需要对标的。根据量化的差异，相关责任部门会探索各项改进措施，以尽可能消除差异，提升经营效益。

需要指出的是，上述建立标准、找到差异、落实改进措施的过程是一个动态的流程。其中建立标准是起点，但标准并不是一成不变的。当实际能力高于原先的标准时，我们就要对标准进行更新，用新的标准来代替原来的标准。

这一点对很多制造型企业来说非常重要。当前，随着工人工资收入水平的快速上升，为了减少用工成本，很多制造型企业都在推行自动化。但是，在推行的过程中，有一个细节却被许多企业忽视了，那就是实现了自动化之后的标准成本更新问题。很多企业的标准成本更新是由财务做账的需要驱动的，比如财务政策规定每 3 个月更新一次标准成本。为何是 3 个月呢？这是对标资本市场的季报频率而定的。但这种操作实际上是有问题的，因为标准工时以及相应的标准成本更新应当是一个按需发生（As and When）的操作，比如只要有大于 10% 的变化，就要在 2 个工作日内进行更新。如果不及时更新，就会引发一些不必要的问题。

比如某公司引进了机械手臂，按照调适好的数据，在 1 月中旬可以让工人的操作时间缩短 20%，但是没有及时在系统里更新标准工时，导致 2 月计划部在做人员需求预测时，仍然按照旧的标准工时进行计算，没能反映使用机械手臂所带来的效率提升。于是本来 2 月只需要 80 名工人，却招聘了 100 名工人，造成了浪费。

　　像这样的案例在实际工作中并不少见，这也提醒我们要注意，成本控制的理念是"控制在先"。我们要在没有造成浪费或损失之前，就找到机会把漏洞堵住，而及时更新标准成本就是一个堵漏洞的前置控制措施。很多企业之所以会忽略这一点，其原因还是"账务决定业务"，误以为标准成本的更新是财务做账的要求，因此我们一定要转变思维，要让内部业务信息的更新走到财务对外报告的需要之前。

金句 | 要成为别人的标杆，先从建立自己的标准做起。

08

作业成本

为什么先进制造企业普遍使用作业成本法

作业成本法，即英语中常说的 ABC（Activity Based Costing）法，它是一种基于作业分析的成本核算方法。

与统分法相比，作业成本法无疑会更加精确。之所以这样说，是因为统分法是一种自上而下简单摊派的方法。很多基础数据不全的公司，或者有数据但管理上比较粗放的公司，都会用一个笼统的分配因子将成本分摊到产品中去，这样得出的结果很不精确，有时甚至会扭曲产品的真实成本。

下面我将用一个具体的案例进行说明。阿尔法公司主要生产两种产品，分别是对应低端市场的产品 A 和对应高端市场的产品 B。图 2-4 为这两种产品的生产流程图。

A 产品与 B 产品的原材料先进入一车间进行人工加工，然后进入二车间做机器测试。在一车间有两种作业方式，即工件的人工安装与人工调试；二车间也有两种作业，即用机器对产品进行标准测试与耐寒测试。

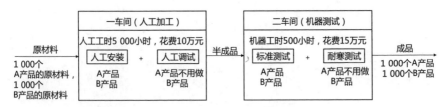

图 2-4　阿尔法公司 A 产品与 B 产品的生产流程图

假设一车间只有工人没有机器，工人的工资为 20 元 / 小时；假设二车间是纯自动化的机器测试，没有工人只有机器，机器的成本为 300 元 / 小时（可以简单理解为这台机器每天摊到的折旧费用为 7 200 元，即折旧成本为 300 元 / 小时）。

下面我们以产品的产量为分配因子，采用统分法计算产品成本，最后以计算得到的结果为依据决定是否需要接单（见表 2-1）。

表 2-1　产量统分法下的接单决策　　　（金额单位：元）

基础参数				
人工工时成本	20 元 / 小时			
机器工时成本	300 元 / 小时			

	项目	A	B	A+B
一车间 （人工加工）	人工工时投入合计（小时）			5 000
	人工成本合计			100 000
	产出（个）	1 000	1 000	2 000
	按产出分配的人工成本比例	50%	50%	
	分摊的人工成本	50 000	50 000	
	一车间单位附加值（元 / 件）	50	50	
二车间 （机器测试）	机器工时投入合计（小时）			500
	机器成本合计			150 000
	产出（个）	1 000	1 000	2 000
	按产出分配的机器成本比例	50%	50%	
	分摊的机器成本	75 000	75 000	
	二车间单位附加值（元 / 件）	75	75	
总单位附加值（元 / 件）		125	125	

（续）

项目	A	B	A+B
材料成本（元／件）	100	150	
产品总成本（元／件）	225	275	
竞争对手卖价（元／件）	220	330	
公司决策	放弃	接单	

在表 2-1 中，我们可以看到一车间（人工加工车间）一共投入了人工工时 5 000 小时，按人工工时成本 20 元／小时计算，一车间共投入了 10 万元的人工成本。假设 A、B 产品的产出数量都是 1 000 个，那么用产品的产量做成本分配因子的话，A、B 产品各自承担 50% 的人工成本，即各自承担 5 万元，再除以其各自的产出数量 1 000 个，可以算出 A、B 产品在一车间的单位附加值均为 50 元／件。

按照同样的办法，我们可以进行二车间机器成本的分摊。机器工时投入合计为 500 小时，按机器工时成本 300 元／小时计算，二车间一共发生了 15 万元的机器成本。由于 A、B 产品的产出数量均为 1 000 个，以此为成本分配因子的话，A、B 产品的分配比例都是 50%，也即各自承担 7.5 万元的机器成本。这 7.5 万元再除以其各自的产出数量 1 000 个，就能得到 A、B 产品在二车间的单位附加值均为 75 元／件，或者说 A、B 单位经过二车间的加工各自沉淀了 75 元／件的机器成本。

至此，经过一车间的人工加工和二车间的机器测试，A、B 产品各自产生了 125 元的总单位附加值，即料、工、费三者中的后两者"工"与"费"共沉淀了 125 元／件的产品成本。假设 A、B 产品的原材料成本分别是 100 元／件与 150 元／件，那么用产量统分法计算所得的 A、B 产品的单位总成本分别为 225 元／件与 275 元／件。

阿尔法公司根据这样的成本核算数据与竞争对手贝塔公司到客户端竞标，贝塔公司对同类的 A、B 产品标出的卖价分别是 220 元 / 件和 330 元 / 件，而阿尔法公司的 A 产品成本为 225 元 / 件，如果以225 元 / 件或者更低的价格去竞标，一定会造成亏损，所以阿尔法公司的销售团队决定放弃 A 产品，专注接 B 产品的单。

这样的决策看似合理，却白白错失了业务良机，为什么呢？我们用作业成本法再进行一次成本核算（见表 2-2），就会发现其中的问题。

表 2-2 作业成本法下的接单决策　　（金额单位：元）

基础参数				
人工工时成本		20 元 / 小时		
机器工时成本		300 元 / 小时		

	项目	A	B	A+B
一车间 （人工加工）	人工工时—人工安装（小时）	2 000	2 000	4 000
	人工工时—人工调试（小时）	—	1 000	1 000
	人工工时投入合计（小时）	2 000	3 000	5 000
	人工成本合计	40 000	60 000	100 000
	产出（个）	1 000	1 000	2 000
	一车间单位附加值（元 / 件）	40	60	
二车间 （机器测试）	机器工时—标准测试（小时）	200	200	400
	机器工时—耐寒测试（小时）	—	100	100
	机器工时投入合计（小时）	200	300	500
	机器成本合计	60 000	90 000	150 000
	产出（个）	1 000	1 000	2 000
	二车间单位附加值（元 / 件）	60	90	
总单位附加值（元 / 件）		100	150	
材料成本（元 / 件）		100	150	
产品总成本（元 / 件）		200	300	
竞争对手卖价（元 / 件）		220	330	
公司决策		接单		

在表 2-2 里，我们看到了两组细分的工时数据：

1）在一车间，工人的人工加工被分为"人工安装"与"人工调试"两种不同的作业方式，工时也出现了差异。A 产品只耗用了 2 000 小时进行人工安装，而 B 产品在耗用 2 000 小时进行人工安装的基础上，还增加了人工调试作业，耗用了 1 000 小时人工工时，所以 A、B 产品所耗用的人工工时分别为 2 000 小时与 3 000 小时。按人工成本 20元 / 小时计算，A、B 产品的人工成本分别为 4 万元与 6 万元，除以各自的产出数量 1 000 个，便可得到 A、B 产品在一车间的单位附加值，分别为 40 元 / 件与 60 元 / 件，这与统分法计算出的各自 50 元 / 件的单位附加值是不一样的。

2）在二车间，机器测试被细分为"标准测试"与"耐寒测试"两种不同的作业。由于 A 产品只有一种作业，只进行了 200 小时的标准测试，而 B 产品还增加了 100 小时的耐寒测试。按机器工时成本 300元 / 小时计算，A、B 产品所消耗的机器成本分别为 6 万元与 9 万元，除以它们各自的产出数量 1 000 个，得到 A、B 产品在二车间的单位附加值分别为 60 元 / 件与 90 元 / 件，这与统分法计算出的各自 75 元 / 件的单位附加值也不一样。

经过两个车间的加工生产，在作业成本法下，A、B 产品的总单位附加值分别为 100 元 / 件与 150 元 / 件，加上它们各自的材料成本100 元 / 件与 150 元 / 件，得到 A、B 产品的单位总成本分别为 200元 / 件与 300 元 / 件。

如果阿尔法公司用这样的结果与竞争对手贝塔公司竞标，由于贝塔公司 A 产品售价为 220 元 / 件，而阿尔法公司 A 产品的成本仅有200 元 / 件，即使报价 220 元 / 件，还有 10% 的利润空间，所以阿尔法公司完全可以选择接单，这与按统分法核算的结论有所不同。

对比两种成本核算法，我们可以看出作业成本法对工人与机器的资源消耗从发生的端口直接追踪到了不同产品上，所以就有了成本直接与产品挂钩的第一手资料，计算出的成本更加精确。而统分法实质上是人为地造成了产品之间的资源补贴，使得没有做人工调试与耐寒测试的产品 A 也无端承担了一半的相应费用，这是一种对产品资源消耗的扭曲。对于毛利空间不大的企业，或是那些正在为接不接订单而犹豫的企业，这种成本扭曲将会带来致命的决策错误。就像本案例中阿尔法公司的产品 A 明明有利可图，却因为成本核算不够精确，导致公司做出了放弃接单的错误决定。

这个例子也提醒我们，在核算成本时，能直接统计的数据就不要通过一个间接的分配因子摊派，而这也体现了管理会计强调的直接成本与间接成本的区别。

讲到直接成本与间接成本，很多人经常会将它们与可变成本和固定成本相混淆，这两组成本有相关性，却不尽相同。我总结了两组成本的差别，绘制成了下面这张总结图（见图 2-5）。

在图 2-5 中，横坐标代表产品直属性，即成本是否能够直接追踪到具体的产品上：能直接追踪的就是直接成本，不能直接追踪的就是间接成本；纵坐标代表产量敏感度，随着产量的增加而同步增加的资源要素就是变动成本，与产量的变化无关的就是固定成本。由此我们可以看到四个象限，分别用罗马数字Ⅰ、Ⅱ、Ⅲ、Ⅳ标识。

第Ⅰ象限中的既是直接成本，又是变动成本。生产中使用的材料的费用，特别是 BOM 上的主要材料的费用都属于这一象限。以手机生产为例，生产一台手机需要使用 2 个摄像头、1 块电池、1 块主屏，这些与产品直接挂钩的材料费用就是直接成本；另外，随着产量的增加，这些材料的使用量也在同步增加，比如生产 1 台手机要用 2 个摄像头，生产 1 000 台手机就要用 2 000 个摄像头，材料费用一直在变动，所以这些费用又是变动成本。

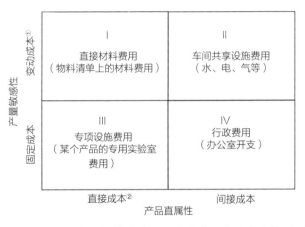

图 2-5　直接成本、间接成本、固定成本、变动成本的区别

①变动成本：随量的变动而变动的成本。

②直接成本：能追踪到某个产品的成本。

第 II 象限中的既是间接成本，又是变动成本。从产量角度讲，生产越多，资源消耗就越多，但这些资源的消耗与具体产品的关联度不大，比如车间里的通用资源就属于这一类，其中包含水、电、包装盒、标贴，等等。像每个产品都要贴的带有公司标识的小标贴，虽与产品本身无关，但与产量却有 100% 的线性关系，所以相应的费用应当归入第 II 象限。

第 III 象限中的既是直接成本，又是固定成本。从产量角度讲，此类费用与产量没有直接的关系，但从产品属性上讲，此类费用是直接关联到某个产品的，比如为某个产品配备的专用实验室所产生的费用就属于这一类，该实验室所产生的费用与产量变化虽然没有关联性，但实验室的费用却可以 100% 直接挂钩到某个产品上，所以应当归入这一象限。

第Ⅳ象限中的既是间接成本，又是固定成本，因为这一象限中主要是办公室开支这类行政费用，它既不会跟随产量浮动，又与具体的产品没有直接关系。

结合本节所讲的作业成本法，我们在核算成本时，一定要注意不要将属于左侧第Ⅰ、第Ⅲ象限的直接成本，错误地归到右侧的间接成本中。

为了避免发生混淆，我们需要以技术赋能的思路，尽可能地做好成本追踪，而这就需要多使用数据标签。这里讲的数据标签可以是一个二维码，能够贴在产品或元件上。有了这种可跟踪的二维码，产品在哪台机器上停留了多久，甚至在哪个检验员的手中调试了多久，都会一清二楚。比如受新冠疫情的影响，有些本来在欧洲生产的产品会转移到中国的工厂来加工，如果使用二维码跟踪的话，就可以按照不同地区的费率计算出最精确的实际成本。

由于现在的传感器已经便宜到可以忽略不计的程度，再加上无处不在的摄像头，我们可以组合出各种时间与空间维度上的数据源，更有利于提升作业成本的精确性。随着 5G 技术的应用和物联网的普及，产品的可追溯性将会越来越透明，作业成本法的应用也会越来越普遍，这是广大财务人员应当注意的一个趋势。

金句 作业成本是一个成本会计必须掌握的基本概念。

09

作业价值

有些资源消耗是不是一开始
就不应该发生

上一节讲述的作业成本法让我们学会从源头上做好成本追踪，使我们能够科学、精确地完成成本核算任务。

不过，作业成本法还不是最高级的"玩法"，因为我们就算追踪得再精确，也只是在做一种事后核算。以上一节的阿尔法公司为例，人工调试与耐寒测试等作业其实已经发生过了，我们采用作业成本法，也只是在资源消耗已经发生之后再做出最合理的计算。那么，有没有更好的事先进行控制的办法呢？

这需要我们向后退一步，以更广阔的视角来审视整个公司的作业流，并思考一些更为本质性的问题：一家公司的作业流是不是都需要发生呢？有些资源消耗是不是从一开始就可以避免呢？这些问题也可以简化为"做与不做"的问题。

之所以要思考这些问题，是因为公司的资源是有限的。无论公司规模多大，能雇用的员工、能添置的机器、能囤积的材料都是有限的，而对资源进行优化配置，使资源的效用最大化，就涉及经济学里常讲的"机会成本"。

机会成本这个概念的本质是：在资源有限的约束条件下，做出了 A 选择，很可能就要放弃 B 选择。同样以阿尔法公司为例，如果客户给了该公司一个新产品 C 的订单，在产品 A、B 已经满产运作的约束条件下，如果产品 C 的利润率更高，该公司可能就要舍弃产品 A 或产品 B，被舍弃产品的利润也就成了承接产品 C 的机会成本。

假设该公司舍弃了产品 A，而产品 A 一年能够带来 1 000 万元的利润，这 1 000 万元利润就成了机会成本。然而在生产产品 C 的过程中，客户突然改变了主意，选择了撤单，该公司不得不重新切回到产品 A 的生产。此时已经过去了半年时间，该公司损失了产品 A 半年的利润贡献，也就是说机会成本是 500 万元，那么该公司就可以以 500 万元作为向客户索赔的依据。

这个案例提醒我们要重视机会成本，同时，不管选择做什么产品，还是为某些产品具体配置什么资源，我们都应当有资源配置最优化的管理意识。

在这方面，有一个行业算是做到了极致，那就是银行业。一家银行选择做什么，不做什么，以及做的时候如何配置资源，都是经过事先"精打细算"的，我们甚至可以说它的利润与成本都是精心"设计"出来的。

下面我们不妨通过一个案例来体验一下银行业是如何实现资源配置最优化的。

张三与李四两个客户来到某银行的营业部办理个人业务。此时是上午 10 点，正好是一天中人最多的时候，张三一看大厅里挤满了人，心中不免十分焦急。但这天是交易的最后一天，必须完成转账，他只能耐心地等待。于是张三取了号，得知前面还有 35 个人在排队，便找了个位置坐下，等待自己的号被叫到。

李四持有银行 VIP 卡，他直接进入了银行二楼的 VIP 室。二楼与一楼面积相同，却只有 3 个人在办理业务。迎宾人员热情地接待了李四，客气地对他说："先生，3 号窗口现在空着呢，您可以去 3 号窗口办理业务。"但李四正惦记着要看一场篮球比赛的最终结果，便让大堂经理把自己带到休息厅，打开电视，切换到体育频道，打算先看完比赛再办理业务。

在李四观看比赛的时候，大堂经理为他递上了热毛巾，请他擦擦汗。之后，大堂经理又为他送上了一杯香浓的现磨咖啡……李四享受着这种无微不至的服务，美滋滋地看完了直播比赛，这才不紧不慢地去办理银行业务……

上面的情景一点都不夸张，银行提供给不同级别客户的服务就是有一定的差异。作为普通客户，张三必须在大厅取号排队；而 VIP 客户李四却能够直接去二楼享受贵宾服务。为什么会出现这样的现象？就是因为全世界的银行都遵循一条"80/20 的法则"，即 20% 的高净值客户向银行贡献了 80% 的利润。

所以，为了更好地留住甚至从其他银行吸引高净值客户，银行对作业流做了一系列设计。这上下两层的营业部就是其中之一：楼下 200 平方米的大厅以每小时接待 50 个普通客户的密度进行设计，楼上同样面积的大厅一天却接待不了 50 个 VIP 客户。至于二楼的娱乐设施以及地毯、壁画之类的豪华装修，更是普通客户无法享受到的。

银行这样设计，就是在对有限的资源进行最优化分配，也可以称为"把好钢用在刀刃上"。反映在管理会计中，这种做法与ABM的思路不谋而合。ABM，即作业资源管理（Activity Based Management），是一种自上而下的设计，而且是一种事先设计——对投资回报率高的作业要多做；对投资回报率低的作业要少做，在资源不足时则可以不做。有些外资银行到中国开展业务，索性放弃对私业务，主攻投入产出比更高的对公业务，用的就是ABM的思路。

那么其他行业，特别是制造业，能否借鉴这个方法呢？当然可以。下面我将结合一个具体工具来进行介绍，这个工具就是作业价值设计。

10年前，我在一家德国半导体工厂担任财务总监，就曾用作业价值设计法进行过一轮成本优化，挽救了原本因长期亏损而面临淘汰的低端品牌。

当时，在研究了低端品牌的各项作业活动后，我发现这是典型的"低价高配"——在无尘净化室的清洁标准、抽检比例以及专属实验室等方面，我们是按高端品牌的标准来配置的，这显然没有做到"将有限的资源进行最优化分配"。

于是，我带领成本组与生产工程部门一起列出了一系列的"作业活动改造项目"（见表2-3），成功节约了1 500万元的成本，也让产品的单位成本直降30%，品牌则一举实现扭亏为盈。

表 2-3　作业活动改造项目表

序号	作业活动改造项目	年节约成本
1	无尘净化室等级调整	500 万元折旧费
2	电测后的 100% 目检改成 10% 目检	300 万元人工费
3	专属实验室变为共享实验室	150 万元折旧费
4	省去 -40℃ 耐寒测试	400 万元折旧费
5	电镀线自加工改成外包	150 万元折旧费
6	合计	1 500 万元

从表 2-3 可以看到，我们主要进行了 5 项作业活动改造。第一，我们对无尘净化室等级进行了调整，将一楼东边的 1K 级无尘净化室用于高端产品的扩产，然后腾出办公室的一层给低端品牌，每年可节省 500 万元的折旧费。

第二，我们将电测后的 100% 目检改成 10% 目检，因为已经有电测结果做保障，用抽检的方式进行目检基本能够达到市场要求，而这一改变每年可以节省 300 万元的人工费。

第三，将为该品牌单独配置的专属实验室改为共享实验室，此项举措每年可为工厂节省 150 万元的折旧费。

第四，我们注意到 −40℃ 的耐寒测试在高端品牌上是个卖点，但低端品牌的低价格却无法"消化"这个优势，所以决定省去这一道工序，而这一项每年也节省了 400 万元的折旧费。

第五，由于电镀线会挤占高端产品的产能，所以我们决定将其由自己厂内加工改成更便宜的外包。所有这些改造举措一共节约了 1 500 万元的成本。

在这个案例中，所有的改造、腾挪、换材料，以及省去一些将可靠性从 99% 提升至 99.9% 的额外检验，都是在不影响品质的前提下，对资源配置和作业活动进行了重新设计——能少做的就少做，能降低配置的就降低配置，最后将资源配置调整到与市场售价相匹配的程度。

进行这种作业价值设计，往往需要我们跳出现有的思维框架。为此，我们不妨大胆地进行发散思维，问自己这样的问题：为什么非得用与生产用房同样高配的办公室呢？完全可以租用隔壁公司闲置的办公室。

　　为什么所有的检测都要达到 PPM 级（百万分之一级）的高可靠性要求呢？市场销售单价并不支持 99.9% 的可靠性标准，或者说小概率的退货成本完全可以涵盖在节约的检验费之中。

　　为什么设备的维保一定要请日本厂商的专家呢？自己的工程师加班学习修理和维护机器，不就能把这些费用节省出来了吗？

　　于是，在这样的作业价值设计之下，我们看到了公司底层发生的各种作业改变：

- ▶ 原来不修机器的工程师现在学着修机器了
- ▶ 原来两道 100% 检测的作业，现在改成了 100% 电测 +10% 目检
- ▶ 原来办公室与厂房连在一起，现在改为租用隔壁公司的办公室

　　通过这些案例，我们可以看出作业价值设计的价值。它能够避免"大炮轰蚊子"之类的资源错配，而这样的作业设计又会引发组织的日常活动改变。所有这一切的改变，都来自管理会计成本最优解的算法驱动。

　　这种作业价值设计与上一节讲到的作业成本法并不矛盾，它们其实是同一个大主题下的两个阶段：公司先要掌握算细账的技术，然后才能进行做与不做的战略选择，因为后者的选择要基于详细的成本测算才能够完成。

　　如果说作业成本法追求的是微观上的精致，那么作业价值设计则体现了宏观上的取舍。作业成本法是将费用由粗到细进行的技术深化，而作业价值设计是一种资源配置上的战略升级，是一种跳出算细账局限的大格局。这种大格局，可以说是"由粗到细"再"由细到粗"的回归，是一种螺旋式上升的升级演化模式。

优秀的公司，懂得"由粗到细"的量化管理。

卓越的公司，懂得"由细到粗"的华丽转身。

金句 │ 管不好资源就是对不起资本。

10

动因分析

成本分析要做到什么程度才算到位

很多做成本会计的财务人员都问过我这样一个问题：钱老师，成本分析怎样才算做到位了呢？我的回答是，我们应当以决策为标准来判断——好的成本分析应当让决策变得更容易。要从复杂的成本现象中找出与决策相关的最本质的信息，首先要区分两个容易混淆的概念：相关关系与因果关系。相关关系对应的只是"关联成本"，而对因果关系的追踪，需要找到隐藏的成本驱动器。

我们可以把在财务账本上看到的数字看作一种"结果"；而成本分析是一个"逆向工程"，需要我们不断地向后倒推找原因，直到找到最根本的原因。"因"与"果"，从概念上讲很好理解，但实操起来却很不容易。企业的经营要素有很多，像人、机、料等不同的生产要素，还有业务订单与市场等变化带来的不确定性，再加上我们之前讲到的"影响力成本"，使成本的因果推导成为一项庞大的信息工程。

想要拆解这个"信息黑盒子"，我们就要将相关关系与因果关系

区别开来，因为有些变量看上去是正向同步变动的，却并不一定存在
因果关系，很可能只是同一个"因"导致的不同的"果"而已。比如
树叶变绿与白昼变长是我们可以观察到的同步变化，但这两者只是相
关关系（是在"春天来了"这一因子作用下的不同结果），却没有逻辑
上的因果关系。

　　我做了一个简单的表，列举了三种常见的相关关系情形（见表
2-4）。

表 2-4　三种常见的相关关系情形

费用项目	往月	本月	根本原因
招聘费与制服费	正相关	负相关	外包工的制服改由中介公司负责置办
仓储费与运输费	负相关	正相关	新客户没有电子标签，需要手工制作和贴电子标签
加班费与外包费	正相关	正相关	本月进口的自动化机器出现故障，部分作业只能靠手工操作来完成

　　1）招聘费与制服费往往都是正相关的，因为招聘的人员越多，
相应的制服费就会越多。然而这个月二者却出现了"负相关"的情况，
即招聘费在上升，制服费却在下降，这是因为公司为了更好地管理制
服费，与劳务中介公司商议，修改了合同条款，外包工的制服改由中
介公司负责置办，所以才会出现这种"负相关"的现象。

　　2）仓储费与运输费通常是负相关的，因为运输频次的增加可以
减少对仓库面积的需求，也能够减少外包租金，使得仓储费用呈现下
降趋势。而本月二者却出现了"正相关"的情况，即运输费增加的同
时，仓储费也在增加。原来，本月新开发的一个大客户没有电子标
签，仓库端必须手工制作电子标签再贴到产品上，导致工人来不及打
包发运，而车间的成品又在不断涌入，虽然仓库增加了发货频次，仍

然无法解决问题，公司不得不临时租了一个外仓，造成了仓储费的增加。

3）加班费与外包费在过往月份都是正相关的，在订单猛增的时候，工人们努力加班都来不及交货，公司只好外包一部分订单给外包工厂，使得外包费增加。本月订单并没有明显增加，但加班费与外包费却在同步增加，原来是本月进口的自动化机器出现了故障，不得不等待日本厂商派专家前来修理，导致部分作业只能靠手工操作来完成，使得工人的加班费增加了，同时还增加了一部分外包费。

我选取的这三个例子是有代表性的，第一个例子中的招聘费与制服费原来是正相关的，但是因为资源优化带来了合作条款的修改，二者变成了负相关关系；第二个例子正好相反，仓储费与运输费原来是负相关的，可由于业务条件发生了改变，导致二者成了正相关关系；最后一个例子中的加班费与外包费属于另一种类型，从表面上看二者维持着正相关关系不变，但背后的原因却可能完全不同——同样是来不及生产和加工，既可能是市场端需求大于产能造成的，也可能是内部的供应能力弱化造成的"虚假繁荣"。

由此可见，人们对相关关系的判定往往基于经验性的直觉，而这种直觉未必是正确的。具有相关关系的资源要素耗用，属于关联成本，很多经验不足的管理会计常常会错把关联成本当作真正的资源耗用动因来分析，结果常常是搞错了方向。我们要想找到财务效果与资源消耗的真正关系，就需要应用更加系统的方法，做好成本驱动器的寻找与确定的工作。

这里所说的"成本驱动器"，指的是那些对成本造成直接影响的驱动因素。它的英文名 Cost Driver 可能会更直观一些，Driver 就是成本变化的驱动者，也就是引发成本变化的决定因子，或者说是关键因子。

下面我们来看一个具体的例子（见图 2-6）。图 2-6 可以分为三层，最上层是成本呈现（Cost Impact），对应的是财务报表中呈现的最表面的费用，如班车费、餐费、五险一金、培训费等，它们都是与工人相关的费用，可称之为工人费用，那么这些工人费用的驱动因素是什么呢？

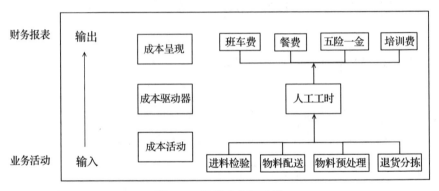

图 2-6　寻找成本驱动器

答案就是位于图 2-6 中间一层的成本驱动器，本例中对应于工人费用的成本驱动器是人工工时。一项活动如果要消耗大量的人工工时，势必会相应地导致人员增加，而在人员增加的同时，上述的班车费、五险一金之类的工人费用也会随之增加。

说到这里，大家可能会问：既然工人费用是随着人员数量变化而变化的，那为何成本驱动器是"人工工时"而不是"人数"呢？这里就要说一下成本驱动器的另一个特点：它必须是可改变的最小计量单位。与人数相比，工时是更小一级的单位，在管理上更容易规划、支配与转换，比如包装车间会空出 50 个工时去支援检验车间，这 50 个工时可以是 5 个人各工作 10 个小时，也可以是 10 个人各工作 5 个小时。可见与人数相比，工时是一种更便于灵活管理的资源单位。

不仅如此，从可以改变的作用点上讲，工时更接近资源消耗的源头。有些改良能带来工时的减少，但未必能够马上带来人数的减少，我们不能认为这样的改良就不值得进行，这一点我们可以从第三层的成本活动获得更加清晰的认知。

第三层列出了与人相关的成本活动（Cost Activities），如进料检验、物料配送、车间里线边仓的上料前物料预处理、退货分拣等。当然，这些只是一个制造车间常见的成本活动，还有其他活动在此就不过多展开了。

我们平时在做成本分析时，往往不容易找到第一层成本呈现与第三层成本活动之间的直接关系，而中间层的成本驱动器就可以解决这样的问题。成本活动的设计和选择决定了其对成本驱动器的影响，而成本驱动器又会影响最上层的成本呈现，这样，找到成本驱动器，就找到了成本呈现和成本活动之间的关联。

我曾做过一段时间的商务财务控制（Commercial Controller），即支持销售端的财务分析师。这个角色最核心的工作是为销售端的报价做成本模拟测算（见表 2-5）。

表 2-5　报价成本模拟测算表

项目	A 供应商	B 供应商	作业操作	人工目检	进口打孔机	国产打孔机	制程成本
料							103.00
BOM 成本（元）	100	105					
损耗	3%	2%					

（续）

项目	A 供应商	B 供应商	作业操作	人工目检	进口打孔机	国产打孔机	制程成本
工							12.75
工时（分钟）			20.0	5.0			
费率（元 / 小时）			30.0	33.0			
费							33.33
机时（分钟）					3.00	4.00	
费率（元 / 小时）					800.0	500.0	
制程成本合计							149.08

表 2-5 这种报价成本模拟测算表，从逻辑上讲就是图 2-6 的数据表模拟演算。图 2-6 的三层关系可以用一个简单的数学公式表示：工费 = 工时 × 费率。在做成本模拟测算时，我们可以先定义出所需要的工时，比如某个产品需要 100% 目检，假设完成目检的标准时间为 5 分钟，就可在工时处填上 5 分钟，这个工时其实就是图 2-6 中的第三层对第二层的输入值。

再来看第二层到第一层的结果影响——每个标准工时引发的工人费用是多少，这可以根据公司某个时段的费用状况测算出一个类似于常数的费率，比如基本工资 3 000 元折合成工时费率为 17 元 / 小时，五险一金再上浮 40%，假设各项津贴与福利即上述班车费、餐费等派生费用再上浮 40%，那么工时费率可以固定在 17 元 / 小时 × 1.4×1.4=33.32 元 / 小时的水平上（比如表中的 30 元与 33 元的工时费率就是这样估算的）。这个费率体现的就是成本驱动器与相关费用的常数关系。

同理，我们可以做一张类似的图去构建另一大成本驱动器"机器小时"与折旧、维保费、电费之间的常数关系，唯一的区别就是机器费率可以按机器大类确定一系列具体的常数，比如一台国产打孔机每运行 1 小时，相应的电费、折旧费加厂房分摊面积使用费是 500 元，而进口打孔机每运行 1 小时，相应的费用是 800 元。

在做报价测算时，我们可以把可选的机器放到机型的下拉菜单里，一旦选定，相应的单元格就会显示对应的费率，报价的时候我们就可以把重点放在成本活动的选择以及工时的确定上了。

通过上述的一系列例子，我为大家解构了成本驱动器的作用以及具体的应用，而找到准确的成本驱动器是我们进行成本分析的非常关键的一步。

当然，成本归因分析是极其复杂的，上面的说明只是在概念上帮大家整理出了思路，具体的分析，还需要大家进行长期的操练，并不断提升自己对业务的熟悉程度，才能做到"熟能生巧"。

为了帮助大家快速确定因果关系，这里介绍一个工具——鱼骨图分析法。

下面就以财务人员最熟悉的费用为例做一个简单的分析说明。假设某公司最近 3 个月工资费用占销售额的比例居高不下，想要找到原因，我们可以将利润表上的费用作为起始节点，将其分为上下两部分（见图 2-7）。

该鱼骨图上面的部分为产品成本（Product Cost），即产品卖出后转出的制造费用；下面的部分为期间费用（Period Cost），比如我们常说的三费，即销售费用、管理费用和财务费用就属于这一块。

上面部分的第一层制造费用又可以按工、料、费分出三部分，分别是工人费用、材料费用与机器费用。工人费用又可以分为工资、福利津贴与加班费。费用分类大概分到第三层就可以了，下面就要对造成最小单位费用变化的因素进行分析了。

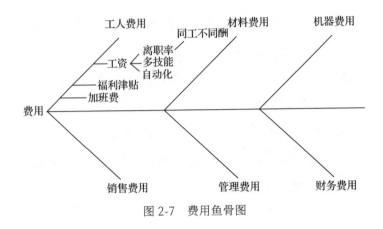

图 2-7 费用鱼骨图

通过对车间作业的实地调查，我们可以得知造成工资变化的业务原因有三大类，分别是离职率、员工掌握多种技能后的加薪，以及自动化的推广。而最近几个月的离职率明显增加，我们可以从这个"分叉"去查原因。通过与员工的访谈，我们了解到离职的都是合同工，主要是因为合同工对"同工不同酬"现象十分不满，特别是相对于正式工来说，合同工没有"13 薪"这类的固定奖金，这让他们难以接受。

分析到这里，决策者就比较容易做决定了：每个月因为合同工的离职率比正式工高出 20% 要多花 100 万元，一年就是 1 200 万元，而对合同工采用"13 薪"，多付一个月的成本给他们，全年才不过多花 200 万元。所以决策者可以立刻做出决定，修改合同，使合同工与正式工同工同酬。

至此，我们也能够圆满地回答本节最开始的问题：成本分析要做到什么程度才算到位？答案是：到位的分析要让决策者的决策变得容易。

金句 好的成本分析，能够让傻瓜也会决策。

11

质效分析

为何一抓成本，质量就下降

在很多公司，特别是在制程比较复杂的制造业公司中，财务经理往往会有这样的感叹：每次狠抓成本的时候，都会出现质量问题，之后不得不处理大量退货，还要面临核验成本的增加，导致得不偿失。那么，造成这种局面的原因到底是什么呢？

要回答这个问题，就得从企业运作中的一对常见矛盾讲起，这对矛盾就是"质与效"。"质"代表质量；"效"代表企业追求的经营效果，比如最大限度的出货量以及有竞争力的产品成本等。

"质与效"这对矛盾处理得不好，会引发很多问题。比如公司狠抓质量，一个问题都不肯放过，所有外观疑似有瑕疵的产品都要反复检验，结果就会导致成本大幅增加，经营效果反而会变得不太理想；但如果以成本为驱动，能省则省，该进行 100% 检验的产品只做 10% 的抽检，该用的高性能进口材料却用低等级的便宜材料替代，结果就会造成退货返工，甚至会因为材料不过关导致产品全部报废，最后非但没有达到降低成本的效果，反而大量增加了成本。

对于这些"质与效"的矛盾，我们可以用质量成本进行量化分析。

图 2-8 是我在德国半导体工厂做财务总监时常用的质量成本分析图。众所周知，德国产品和德国管理堪称"质效并行"的典范。跟大家分享这张图，也是想让大家看一看同业最佳（Best in Class）模板是什么样的。

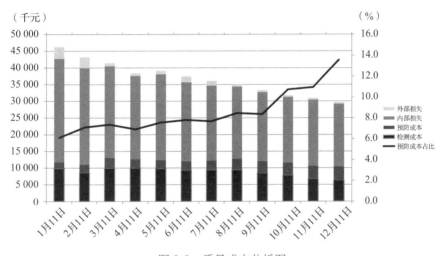

图 2-8　质量成本分析图

图 2-8 显示的是按照月份来跟踪的一家公司的质量成本。质量成本由四个部分组成，即外部损失、内部损失、检测成本与预防成本。

1）外部损失，指的是客户端与市场端的损失。比如因产品质量问题造成的退货、换货成本，包括重新投入的材料的成本、往返运费等都属于此类，这些还只是小的损失，更可怕的是客户的索赔。比如某服装公司的一件衬衣售价 50 元，即使全额赔偿也只是一件衬衣损失 50 元而已，但客户索赔时会按照其机会收益的损失来计算——如果一件衬衣能赚 200 元，客户就会要求按 200 元一件来赔偿。如果该服装公司想要拒绝，就很容易进入诉讼流程，届时律师费、差旅费、取证费都会成为不可忽视的成本。更糟糕的是，它和客户的合作关系会就此中断，客户的订单会转到竞争对手的手中，同时其品牌价值也会大受影响，这个损失更是无法估量。

2）内部损失，指的是产品在出厂前发现存在质量缺陷，由此产生的检查成本、返工成本等一系列损失。如果返工还不能解决问题，就得将成品、半成品以及过期的材料全部报废，由此造成的损失也非常严重。

3）检测成本。检测成本与外部损失和内部损失不同，因为内、外部损失是质量已经出现了问题而带来的成本，而检测成本是为了避免内外部损失而进行的检测带来的成本。这种检测包括 IQC（材料入库时的检测）、OQC（成品出库时的检测），以及产品在生产过程中需要进行的电子检测、光学检测、人工目检等。这一道道检测不但要消耗大量人工，还需要应用各种仪器，像半导体的测试仪动辄就是上百万美元一台，所以检测成本合计起来也是非常可观的一笔费用。

4）预防成本。预防成本更具有前导性，它是为了减少上述三项成本而展开的一系列活动所产生的成本。比较典型的活动包括建立公司的品质体系，加强员工入职培训，及时完善有质量隐患的流程，在机器出现故障前就对其进行及时的保养，以及生产车间里所做的一系列有利于品质改善的项目（大家经常听到的六西格玛项目就属于此类）。

了解了质量成本的四大组成部分后，我们又该如何看图 2-8 这张质量成本分析图呢？

这张图有两个值得注意的看点，第一个是总的质量成本呈下降趋势。当然在产量出现大幅波动时可以做当量转换，比如先计算每百万件产品的总质量成本，再进行比照，但不论如何比照，总的质量成本都应呈现下降的趋势。

第二个是预防成本在总质量成本中的占比（即图中的那条曲线）的变化趋势。质量管理得好的公司，应当是总质量成本的柱状图向下走，而预防成本占比曲线向上走。

通过预防成本曲线，也可以看出一家公司的管理重心到底是在纠错上，还是在防错上。如果出现了质量问题，我们当然要做好纠错工作，而且应当立即去做。"纠错"代表了我们对紧急事务的关注态度，而"防错"却是针对可能出现的质量问题进行的预防工作，"防错"虽然没有此刻非做不可的紧急性，但也是十分重要的。

这里说到的"重要"和"紧急"也是管理学中的经典问题。下面我将用一张四象限图来讲解这个问题（见图2-9），本图模型取自史蒂芬·柯维的著作《高效能人士的七个习惯》。

图2-9将管理上的各种事务按照重要程度与紧急程度分成以下四个象限：

1）第Ⅰ象限，指的是既重要又紧急的事务，像大量客户退货、机器停工抢修、大型促销活动等都属于这一象限；

2）第Ⅱ象限，指的是重要但不紧急的事务，比如制定预防措施、打造质量体系、流程改善等都属于这一象限；

3）第Ⅲ象限，指的是不重要但紧急的事务，比如一些有时间要求的事情，像马上要参加一个不重要的部门会议，或是要接一个不重要的客户电话、回一封不重要的电子邮件等都属于这一象限；

图 2-9   紧急程度与重要程度的四象限图

4）第Ⅳ象限，指的是既不重要又不紧急的事务，像一些杂事、浪费时间的事情，以及逃避性的活动等都属于这一象限。

从这张四象限图可知，我们要做好质效平衡，降低质量成本，就应当重视"第Ⅱ象限管理法则"。这样才能在实现产出最大化的同时，又能将质量成本最小化。对此，大家可以参考我在图 2-10 的第Ⅱ象限中列出的管理措施清单。

清单中的第一项是"复盘"。英文中有一个词叫 Post-mortem，它最早是个医学术语，指的是对尸体进行解剖以了解病因，从而能够在未来更好地预防与治疗疾病。它的引申意义是事后反思（或剖析），与"复盘"有相通之处。

现在很多大公司把 Post-mortem 做成了一个惯常机制。著名的桥水基金公司创始人瑞·达利欧（Ray Dalio）撰写了《原则》一书，在其中分享了一些成功的项目投资经验，其中有一条就是"复盘"，而且必须是"彻底无情地检讨复盘"。

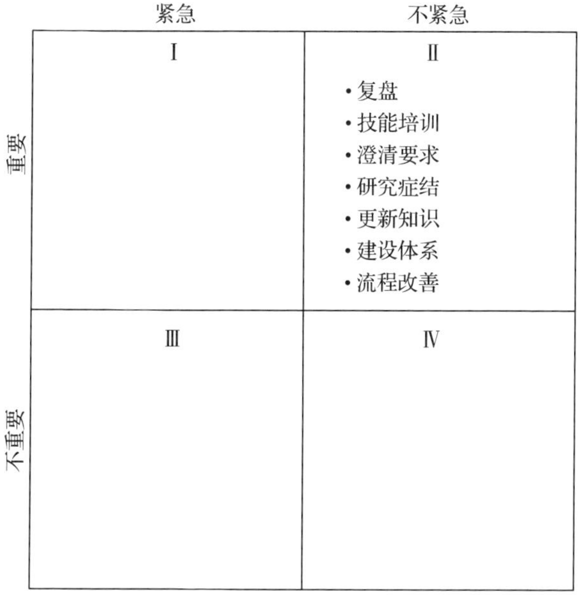

	紧急	不紧急
重要	I	II • 复盘 • 技能培训 • 澄清要求 • 研究症结 • 更新知识 • 建设体系 • 流程改善
不重要	III	IV

图 2-10　第 II 象限管理措施清单

一家公司如果能把复盘工作做好，所有重要但不紧急的事务便都会浮出水面，所以我将复盘工作列于首位，以引起大家的重视。在复盘时，可以使用 T 型复盘法，它是我在德国西门子集团工作时必不可少的"看家法宝"（见图 2-11）。

图 2-11 这个 T 型图分为左右两部分，左侧一栏上方用"＋"表示做对了什么，右侧一栏上方用"－"表示做错了什么。

比如在对新品从样品开发到量产交付的过程进行复盘时，项目组就列出了五条复盘总结。其中做得好的只有一条，是在员工培训方面。

+	−
• 员工培训，将当期新发生的质量问题更新到新员工培训手册中	• 样品生产阶段，未以量化标准澄清客户对洁净度的要求 • 失效分析做得不充分，样本量太少 • 8D 品质报告流于形式 • 技术部为了提高产量，未经品质部审核自行修改工艺

图 2-11　T 型复盘法

项目组将最近生产线发现的质量问题及时更新到了新员工培训手册中，以提醒新员工不要犯同样的错误。这个"更新知识"的措施就属于第Ⅱ象限中典型的"重要但不紧急"的事务，它能够将之前犯下的错误以知识的形式告诉新人，能够有效降低出错的概率。很多公司都有吸取教训（Lesson Learnt）的平台（有的将文本放在网上，有的直接将相关内容打印装订成学习手册），让员工能够从本公司、本岗位的错误中吸取教训，这是一种最直接也最有效的学习方法。

通过复盘，还能找出做得不好的地方。比如在图 2-11 中，项目组列出了通过复盘找到的四条做得不好的举措：

第一条，在样品生产阶段，相关部门未以量化标准充分澄清客户对洁净度的要求，导致大量样品浪费。这一条对应图 2-10 管理措施清单中的"澄清要求"，它提醒我们，越是前端的问题，就越要及早识别和解决，这样做也能够体现出前面讲到的"控制在先"的成本管控理念。

第二条，失效分析做得不充分，样本量太少，导致量产的品控措施不全面。究其原因，是计划部不够重视，没有在每天的机器任务作业单上填写相应的样品测试时间。这一条对应图 2-10 管理措施清单中的"建设体系"，它告诉我们品质管理必须形成体系，形成公司的全面质量管理理念，即所谓的 TQM（Total Quality Management）精神。

第三条，8D 品质报告流于形式。8D 报告是福特公司首创的一个系统研究质量问题的报告，是从计划、团队、标准、对策、预防等几个方面审视质量问题。这一条对应图 2-10 管理措施清单中的"研究症结"，它提醒我们不要把制作 8D 品质报告看成负担，而是要把它当成自我检讨并发现问题的机会。

第四条，技术部为了提高产量，未经品质部审核自行修改工艺，结果造成脱胶，致使客户端停线，造成了一大批需要返工的退货。这一条对应图 2-10 管理措施清单中的"流程改善"，"流程大于技术，体系胜过经验"是平衡质效的重要法则，但个别员工常常会单凭自己的创新精神轻易尝试修订流程，结果往往会因考虑不周造成严重的品质问题。就像本例中，员工把加热的时间缩短了 20%，虽说单位时间的产出有所增加，从表面上看也摊薄了机器的成本，但是胶水的牢度却没有达标，引发了脱胶问题，反而造成了更大的损失。有鉴于此，公司应当在工艺流程中增设一个控制环节，今后任何工艺标准的改良都必须在通过品质部的审核后才可以实施。

从上述这五条复盘总结，我们可以更加深刻地体会到复盘的重要性。复盘清单中列示的每一条，无论是擅自改变工艺，还是没有及时澄清要求，最终都会指向质量成本中的检测成本，造成内部损失甚至外部损失。

所以我们一定要提升对预防工作的重视，要多花些心力在"重要但不紧急"的第Ⅱ象限上。这些工作将会体现在质量成本分析图中的预防成本占比曲线上，而这条直观的曲线会告诉管理层，公司到底是在忙着纠错还是在有序地防错，公司到底是在"把事做对"，还是在事前、事后经常思考是否在"做对的事"。所有这些最终都会反映到财务报表上——公司没有做对的事，一定会造成资源的浪费，一定会在财报上体现为各种原本可以避免的成本费用。

　　紧急至上，是一种效率思维；重要优先，是一种效能思维，而对成本的考虑就是对资源效能的考量，这个道理值得每一位财务人员深思。

金句	低质量的交付一定是高成本的交付。

第 3 模块

成本控制

12

决策控制

财务部的地位为什么都不高

在财务公开课上，很多财务经理和主管都有过这样的感慨：老师你讲的理论很不错，可是回到公司却很难执行，我们财务部在公司没有什么话语权，提出的建议常常不被接受……

这些牢骚反映了一个现象：在公司里，财务部的存在感普遍比较低。在这方面我深有所感，我最早是做业务出身的，曾经做过采购与销售，后来才开始做财务管理。在多年的工作实践中，我发现业务部门与财务部的节奏完全相反——业务部门要求"快思考"，而财务部似乎成了拖业务后腿的"慢角色"。

在真实的工作场景中经常会出现下面这些现象：

▶ 销售部丢过来一个合同，要求快速审核，马上签

▶ 自动化代替人工操作，18 个月收回投资，马上投

▶ 技术部成功研制出成本能减半的新材料，马上用

签合同、批准投资和采购申请，这些好像都是火烧眉毛的事情，

财务部也一直处在"必须快速响应"的压力下。有时合同都没来得及仔细审核，投资的细节问题也没得到令人满意的答复，匆忙之间就得签字盖章。这种交流模式向组织传递了一个信号：财务部似乎扮演的就是"橡皮图章"的角色。

从财务部自身的角度来看，很多财务人员觉得太多的业务细节不好消化，而且其他部门也听不懂关于财务报表的解释，于是便采取了草率的做法——让签字就签字。

在这"一推一让"之间，很多公司的重大财务决策就草草通过了，可是在复盘的时候却会发现很多问题。更糟糕的是很多公司还没有复盘机制，于是问题都反映在了月末的财务报告上，像账龄超过 180 天的存货报废了多少万元，闲置的设备做减值处理提了多少万元……

如何破局？我觉得要从达成共识做起，即财务部要与管理层、业务部门达成这样的角色分工共识：业务部门快思考，财务部慢思考。业务部门求快，是为了满足激烈的市场竞争的需要，但一个组织内部不能每个部门、每个人都图快，总得有一个"节拍器"，有一个慢思考者，而财务部就应该成为这样的角色。

有一位获得诺贝尔经济学奖的心理学者，名叫丹尼尔·卡尼曼，他将大脑思考分成两类，第一类是由大脑深处的杏仁核驱动的快思考，被卡尼曼称为系统 1 思考；第二类是由大脑皮层负责的慢思考，被称为系统 2 思考。我将这两种思考的核心要点整理为一张简表（见表 3-1）。

表 3-1　快思考与慢思考

思考类型	特点	思考方式	优点	缺点
系统 1 思考	快	感性直觉	提高认知效率	偏见、错觉
系统 2 思考	慢	理性分析	全面细致决策	耗能

系统1思考受感性思维支配，这种快思考的优点是不用花费脑力思考习以为常的东西，可以省下大脑"带宽"，有助于提升认知效率。这一点其实很好理解，在生活中如果什么事都要仔细进行慢思考，那我们就会有寸步难行的感觉。比如出门进电梯的时候，我们就不需要先扫码验证电梯的安全性报告，然后再决定是否要乘坐电梯；上班坐公交车的时候，我们也不可能先验证司机有没有酒驾，然后再决定是否要上车……在这些情境中，系统1快思考已经把以前的经验"打包"，为我们形成了一个"认知快捷键"，这就像是将一颗颗"认知胶囊"塞入了大脑内核中，提升了我们的认知效率。

但是光有系统1思考还是不够的，因为有些"认知胶囊"并不一定是完全有效的，比如有时条件发生了改变，假设不再成立，以前的经验就要被推翻，如果我们还是依赖快思考，就可能造成偏见、错觉，所以我们就需要对这类问题重新进行慢思考。

下面，就让我们来看看针对业务部门的快思考，财务部可以做出怎样的慢思考（见图3-1）。

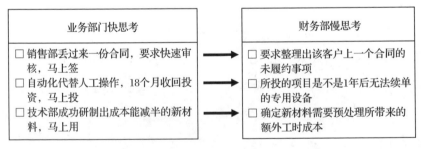

图3-1　业务部门快思考与财务部慢思考

1）对于销售部快速签约的慢思考回应，就是要求销售员整理出该客户上一个合同的未履约事项，比如客户答应承担20%的开发费用，财务部就要看看其是否已经完成了结算。如果财务部不去跟踪这些未履约事项，公司就可能白白损失一笔本可以收回的费用。

2）对于自动化设备投资项目的慢思考回应，就是要问一下工程部，看看这是不是为某个客户投资的专用设备，如果是 1 年后无法续单的专用设备，我们就应当慎重做出决定。当然，这并不是说公司一点风险都不能承担，而是要通过财务部慢思考让管理层做利弊权衡之后的决策（Take Calculated Risks），也就是说，即使要投资，也应当清楚地知道公司承担了多少个月的订单风险敞口。

3）对于马上启用新材料的采购申请，财务部应当让技术部提供所有的相关变化数据，看看在材料节省的同时，其他成本会不会增加。比如新材料的使用会引发一个人工预处理的作业，那我们就应当确定启用新材料所节约的成本能否超过预处理所带来的额外工时成本。

上述这三个例子是比较有代表性的。第一个例子中的慢思考，能够提醒我们将该收回的费用都收回来，这是一个帮公司"看住上限"的机会；第二个例子中的慢思考，能够提醒我们防范可能出现的风险，这是一个帮公司"守住下限"的机会；第三个例子中的慢思考，则是站在公司全局角度的系统性思考，能够防止最终决策偏向某个局部而使公司整体利益受损。

由此可见，无论是对外部机会与损失的把控，还是对内部资源的最优化配置，公司的种种业务决策都需要财务部的慢思考。一个管理会计要想发挥其专业价值，就必须有这样的慢思考意识，并在管理思路上让管理层与业务部门达成共识。

这个共识可以体现在一些制度中，比如所有的设备投资必须先通过财务部的 ROI 测算；所有的合同签约，销售部与采购部要提前规划，并要给财务部预留至少 2 个工作日的审核时间。

那么，财务部在慢思考时可以用什么样的操作工具呢？下面我要分享的就是这方面的实操经验——建立"控制清单"。

公司的决策是所有重大资源消耗的决定性一步，这一步如果没有做好充分的论证和把控，事后的财务分析便都只是在"解释一个灾难是怎样发生的"。所以，决策前的控制清单必不可少，而且一定要尽可能地做到细致全面。我的控制清单分两大类：一类是投资方面的，即投资控制清单；另一类是合同方面的，即合同控制清单。

下面我们先来看看投资控制清单：

▶ 设备是不是量产的瓶颈？

▶ 省下的人员有没有岗位疏散计划？

▶ 新产品设备订购数量有没有考虑学习效应？

……

控制清单中的第 1 条：设备是不是量产的瓶颈？假设组装线的产量是每分钟 1 万片，而测试线的产量是每分钟 8 000 片。如果组装车间要求投资 50 万元，将产量从每分钟 1 万片提升到 1.2 万片，理论上我们可以算出产能上升的边际利润贡献，看看能否两年收回投资，但是从资源的协同效益上讲，公司应当把钱花在测试车间，尽快将测试的产能提上来。所以业务部 ROI 测算表上的节约只能称为理论节约。

控制清单中的第 2 条：省下的人员有没有岗位疏散计划？假设使用自动化设备可以提升 1 倍的效率，一条生产线省下 5 个人，10 条生产线可以省下 50 个人，ROI 数据看上去也很不错。但是，我们不能不多问一句："省下的人去哪了？"如果公司没有岗位疏散计划，那么省下的就不是工人，而是工时。这个时候常常会出现我在第 1 模块里提到的情形——自动化设备投资带来的只是工人抽烟时间的增加，所以这种节约也只能叫作假节约。

控制清单中的第 3 条：新产品设备订购数量有没有考虑学习效应？在这方面，我们公司也有失败的教训：某个新产品 1 周有 1 000 万片的订单，理论上需要配置 10 台机器，但是购回 10 台机器进入量产后，却发现有 3 台机器一直处于闲置状态。经过项目复盘，大家才发现，由于设备是定制的，有 6 个月的交付期，导致公司在 6 个月前下订单时，手头并没有大规模量产的产出数据。所以在计算设备数量需求时，采用的是原始模型模式（Prototype）的标准机时，而在样品开发阶段，公司只能做 10 万片的小规模试验，那个时候工人还是新手，机器的单位产出只有每分钟 150 片。大家忽略了学习曲线（Learning Curve）带来的效率提升，之后实际量产时单位产出已经达到了每分钟 200 片，比 150 片高出 33%，所以只要 7 台机器就能够完成订单，多订购的 3 台机器无疑就成了一种浪费。

这个事件让我们懂得了，在新产品的产能配置上，要设置一个参数——量产放大系数，才能避免出现"该节约的钱却没节约下来"的问题。

接下来，我们再来看看合同控制清单：

▶ 一律用不含税价

▶ 境外劳务注明代扣代缴义务

▶ 基金招标核查围标问题

……

清单中的第 1 条：一律用不含税价。在这个问题上，我们也是

"吃过亏"的。有一次签合同时增值税率是 16%，一个总价为 116 万元的合同，价款是 100 万元，增值税额是 16 万元。但是在完成交付的 6 个月后，增值税率下降到 13%，供应商却狡猾地开出了一张价款为 102.65 万元的发票。因为 102.65 万元 ×1.13 约等于 116 万元，采购部门在核对总价时没有发现问题，就提交了付款申请，财务部在付款时也只是审核了合同与发票的总额是否一致，结果我们却要在增值税率下调的情况下多付出 2.65 万元的成本，这也提醒我们在对合同进行审核时应一律使用不含税的价款。

清单中的第 2 条：境外劳务注明代扣代缴义务。比如咨询公司的美国专家来做软件服务咨询，由于是与境外机构签约，支付时需要代扣代缴所得税，100 万元的合同只能付给对方 90 万元，结果却引起了争议，因为我们事先并没有对此做出说明，所以只能承担部分责任——多缴纳 5 万元的税费。其间我们发现采购员一直在为对方说情，这不免让我们怀疑采购员有"吃里爬外"的嫌疑，当然这毕竟只是猜测，缺乏充足的证据来证实。但是如果事先有一份透明的控制清单，就能够杜绝这样的问题，也能够避免很多不必要的猜疑。这也印证了一个道理：好的财务人员可以通过职业化的手段，把道德问题简化成数学问题。

清单中的第 3 条：基金招标核查围标问题。做工程招标的财务审核时，我们有必要提醒法务部做一个关联方关系审核。有一次我们就发现来竞标的三家企业背后的实际控制人竟然是同一个。这样的问题其实也不难防范，现在的"企查查""天眼查"软件就可以帮公司规避这方面的风险。但这首先需要我们多花一点时间做慢思考审核，才有可能避免不必要的损失。

金句	快就是慢，慢反而是快。

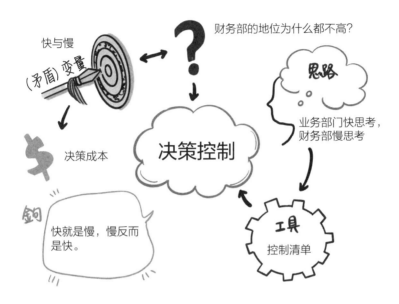

13

绩效管理

财务部到底该不该对利润负责

财务部最核心的"输出"就是绩效管理。绩效管理，在英文中有一个非常形象的说法，叫作 Bottom-line Management。所谓 Bottom-line，指的是利润表最后一行的净利润，所以绩效管理也可以被理解为"管好净利润"。那么问题来了，这个净利润到底该由谁负责呢？

有人说是由总经理负责，有人说是由财务部负责，也有人说得由各个主管部门各自负责才能让净利润达标。

这些说法其实都有一定的道理，但是在具体实践中，我们常常会发现，每个人都有责任的事情往往会变成没有人为此负责。所以从实操的角度来看，我认为应当把问题再区分一下，要分成负责与担责。这两个词虽然只有一字之差，却还是有区别的。我们都很熟悉负责（Responsible）这个词，其实它指的是对过程负责，而担责（Accountable）却是要对整个结果担责。

举一个简单的例子：一个调皮的孩子在花园里玩水枪，不小心把邻居家的花盆砸碎了。作为孩子的监护人，父母必须对孩子的过错"担责"，要向邻居道歉并赔偿损坏的花盆。回到家后父母可以教育孩子，确保孩子认识到自己的错误，知道该如何正确地做事，这就是让孩子对过程"负责"。

在工作中，我们也应当抓好"担责"和"负责"这对变量，比如要弄清楚谁该对利润的过程负责，谁又该对利润的结果担责。答案其实就在单词 Accountable 里，Accountable 的原形是 Account，就是账目的意思。

有这样一则故事。一个主人在长期出门前，叫来了三个仆人，按他们的才干大小分别给予了 5 个、2 个与 1 个他连得（"他连得"就是我们常说的"天赋"（Talent）的音译，也是希伯来货币单位）。一年后，主人回来了，他准备按照仆人们各自的收入问责：拿到 5 个他连得的仆人学着做生意，赚了 5 个他连得，让主人非常开心；拿到 2 个他连得的仆人赚了 2 个他连得，主人也很满意；可拿到 1 个他连得的仆人却把钱埋在地下，没有产生任何回报，主人愤怒地把他赶出了家门，还把他的钱夺走，给了已经拥有 10 个他连得的仆人。管理学上讲的马太效应，所谓的"多的更多，少的更少"，就是出自这个故事。

我们不妨来想象一下这三个仆人拿着账册向主人交账的场景，其实他们就是在用账目的形式向主人述职，所以 Accountable 就是对结果担责，而且责任必须由会计（Accountant）来承担。也就是说，财务人员，不管是财务会计还是管理会计，最后都会成为要述职的会计，而一家公司的净利润必须由财务来担责。

　　财务部为利润的结果担责，业务部门为利润的产生过程负责，这也是科学管理的效率法则所决定的。

　　提到科学管理，离不开对基础学科数学的运用。数学中有一个术语叫作递归算法，其精髓是舍弃复杂的中间环节，每一个人只需做好对后道负责的那一环就行。

　　下面我会用一个简单的例子来说明这个问题。

　　我在训练儿子的数学能力时，曾经与他玩过一个数数的游戏。规则是这样的：大家从1开始往上数，谁能数到50谁就赢。一个人一次可以说一到两个数字，但每次说的数字都必须在对方说的数字上顺加1。

　　比如我先说1和2，他可以说两个数字3和4（也可以说3），然后我说5，他说6或者6和7，以此类推，谁先说到50就算谁赢。

　　每次我说到47时，儿子就傻眼了，因为他要是说48，我会说49和50，我就赢了；他若说48和49，我说50，还是我赢。

　　玩了几遍下来，儿子找到了规律，知道谁先说到47谁就会获得胜利。

　　由此向前递推，要想保证自己能够先说47，就要先说44，再继续推算，可以推出41、38……直到推出需要先说出的最小的数字是2。

　　这个游戏就运用了递归算法，它给我们的启示是：不要被一个看似巨大的工程吓倒。我们不妨跳过中间环节，用倒推的方法，从最后一步出发，找到具有关键性的倒数第二步，即游戏中的那个47，之后就可以按同样的逻辑解决整个问题。

　　那么，财务部与业务部门又是如何使用递归算法层层负责的呢？下面就让我们来看一个发生在实际工作中的案例。

财务总监在分析财务报告时，发现某个产品的工时费用明显增加，就找到生产总监。生产总监解释说，这个产品，客户本来只要求在正面贴一个标贴，最近又额外增加了一道工序，要求反面也要贴一个标贴，导致每次的翻转对位都会多花一些时间。生产总监考虑将一排标贴贴在正面，而且一次印在一个大张上贴，可以节省 75% 的时间。随后生产总监找到设计总监，问他能否更改一下设计，以提升生产效率。设计总监却说设计方案的修改需要先经过客户同意，于是设计总监又去找销售总监，并说服销售总监去找客户沟通。

从这个案例可以看出，假设总经理是对公司经营总体负责的那个人，那么他就是把数字数到 50 的人，为了能够顺利数到 50，他需要找到关键的 47，而此处的 47 就是财务总监。财务总监得找到生产总监这个 44，生产总监要找到设计总监这个 41，设计总监要找到销售总监这个 38……如此一直寻找到源头——客户，才能解决眼前的问题。

这个案例以及递归思维的原则给了我们两点启示：第一，得有人为问题担责，这个对利润担责的人一定是财务部的；第二，每个环节都要有人对其过程负责。责任不明确带来的财务结果就是一系列的隐性成本，比如上述案例中额外增加的贴标贴工序。

财务部如何更好地为利润担责呢？这里介绍一个实操工具——RAW 模型。RAW 中的 R 代表 Responsible，表示要从业务端找到负责人；A 代表 Accountable，表示财务部是担责的一方，需要想办法避免或减少相关的费用；W 是 What to do 的缩写，指的是财务部该为公司做点什么，以催生好的结果。

下面我列举了三种常见的情形，大家可以尝试用 RAW 模型去分析（见表 3-2）。

表 3-2　RAW 模型举例

R	A	W
废料处理是采购部负责的	为何铜线变卖的价格连铜价的 1/10 都不到	引入招标机制，将废料卖给出价高者
智能工厂是 IT 部负责的	政府在大力推动两化融合，我们为什么不去申请补贴	联系政府部门，让 IT 部写补贴申请报告
保税业务是关务部负责的	每次要解释保税区的额外税费能否抵扣	设计新的业务模式，以挽回损失

第一种，卖废料这件事在流程上是采购部负责的，但从基本面分析，铜的现货市场价为 3.5 万元左右 1 吨，而我们的铜线只卖 2 元 1 公斤，连市场价的 1/10 都不到。财务部应当为此担责，可以考虑引入招标机制，将废料卖给出价高者，这样价格可以翻几倍。

第二种，智能工厂建设是 IT 部负责的，但财务部每个月都要审批很多可追踪性项目的扫码硬件与程序软件的请购单。既然政府在大力推动两化融合，也有相应的奖励基金，我们就可以成立一个项目小组，一方面联系政府，一方面让 IT 部写出有亮点的补贴申请报告，通过评定后可获得不同数额的奖励。

第三种，保税业务是关务部负责的，但财务部每次做费用分析时都要解释保税区的额外税费问题，比如保税区的进料增值税不能抵扣等。此时财务部就可以与关务部一起设计新的业务模式，让可抵扣的税费都能抵扣，以为公司挽回损失。

第三种情形在实操时可能有些复杂，我画了一张流程图，可以帮大家更加清楚地理解整个过程（见图 3-2）。

从图 3-2 可以看出，保税区工厂按海关的定义在关境之外，所以当它从关境内的供应商采购材料时，对于无进出口权的供应商，原则上属于出口到关境外，而出口是免交出口增值税的。从税务局的角度来看，既然该保税区工厂在销售环节不用交增值税，那么它在采购环节付给境内供应商的增值税也不得申请抵扣。于是，在图 3-2 所示的交易中，就会出现用人民币采购材料的增值税无法抵扣的额外成本。

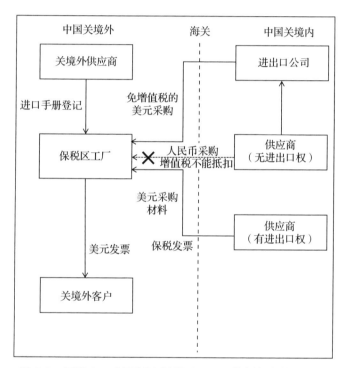

图 3-2　用进出口公司解决保税区工厂不能抵扣增值税问题

其原因是，企业的交易模式设计不当，才造成了额外的成本。

既然这样，我们能否重新设计一下交易模式来解决这个问题呢？经过一番头脑风暴后，我们找到了办法：找一家保税区外的进出口公司做代理，由于作为代理商的进出口公司是有进出口权的，它们在保税区外以人民币购买材料就可以抵扣增值税了，之后它们再以美元为结算货币出口卖给我们。整个流程中我们只要付给进出口公司 1% 的代理费，就能省去一笔费用。

最后总结一下上面的三种情形，第一种是业务层面的问题：如何完善内部流程，引入招标机制，从而大幅增加废料变卖收入。

第二种是政策层面的问题，它提醒我们不能只重视在账面上管好自己的账目，而是得以一种"闻到铜板味的饥饿感"来管好自己的账目。"风声雨声，声声入耳"，凡是对公司利润有益的事，财务人员都要有所关注。比如政府在推广新能源汽车，我们听说有的公司以政府补贴后 1/3 的价格买到了电动车，就应该想想怎么让公司从一年1 000 万元的外包班车费中省下一大笔。

其实像电动车补贴这样的消息，公司上下很多人都听说过，但大多数人会抱着消极的态度，觉得"公司又不是我家开的"，所以不会主动思考应做点什么让公司得益。但财务人员却不能有这样的态度，因为财务人员是要对账目负责的。如果缺乏能担责的财务人员，公司一定会有巨大的浪费或者会出现潜在收益的流失，这些都会成为公司日常运作的隐性成本。

第三种，是经营条件方面的问题。联系前两种情形，我们会发现这三种情形是有时间顺序的，比如既然通过改变卖废料的方式都能帮公司提升利润，我们就会尝试着打开自己的感观视野，主动留意政府补贴之类的问题，也会让自己成为一个懂政策的财务人员。尝到了"政策甜头"后，我们会更进一步审视现行的规章流程，将不该缴的费用想办法拿回来。其实这种费用并不是保税区特有的问题，我曾帮一家企业由来料加工改成进料加工，每月同样能够节省一笔不该缴的进项转出增值税。

　　总之，作为一名会计，我们如何管好自己的账目，全看我们有没有主动"担责"的态度和意识，对于一个优秀的财务人员来说，这一点是至关重要的。

金句	为账目担责，是一名会计的天职。

14

预算管理

"大公司"与"小公司"有哪些
预算管理问题

前两节的决策控制与绩效管理分别从组织和个人的层面讲述了财务人员的作用和定位：从组织层面来看，财务人员是专注于"重要但不紧急"的慢思考者；从个人层面来看，财务人员要以资源管家的身份勇于担责，确保公司的利润能够按照预期——落实。

财务部要为结果担责，业务部门要对流程负责。本节我们就将重点讨论一下如何让业务部门负起管理成本的职责。从管理手段上讲，业务部门的成本职责是通过预算管理实施的，各个业务部门的负责人（这里的"业务"是泛指的，可能用英文的 Functional Owner 来表示会更确切，即职能部门的负责人），包括人事部、IT 等服务部门的负责人，都得以成本责任人的身份管理好自己所管辖资源的耗用成本。

预算管理的本质是对资源的规划与使用的管控。这种管理更多的是一种实践，市场上讲预算的课与书多得数不胜数，像零基预算、弹性预算等问题，很多书上都有详细讲解，这里不再赘述。虽然很多书对全面预算管理问题讲得已经很全面了，财务人员参考其中的模板去做，也可以说自己是在做预算管理，但是预算管理的好坏，更多的在于对实践的掌控，在于对责权利的清晰定义，在于跟踪与考核的落地方法，在于解决资源规划该分散还是集中的矛盾。

为此，我总结了自己过去 20 多年在跨国公司海外总部的工作经验以及在中国的制造工厂做财务总监的实践心得，形成了预算管理方面的思路，希望可以对财务人员起到指导作用。

比如，预算执行中有两大类问题，我称其为"小公司"问题与"大公司"问题。请注意，这里的"小公司""大公司"是带引号的，并非实指，因为即使是一家规模很大的具有全球业务的公司，在预算管理上也会犯小公司常犯的错误。

下面我将从公司管理的组织概念、预算控制以及结算机制三方面分别进行阐述（见表 3-3）。

表 3-3　"小公司"问题与"大公司"问题

类型	组织概念	预算控制	结算机制	典型问题
"小公司"问题	分公司	控制不够	谁承担都无所谓	职权划分不清晰
"大公司"问题	子公司	控制过多	谁的预算谁承担	直线控制的迷思

先来说说"小公司"常见的预算执行问题。很多"小公司"，特别是从小作坊起家、逐渐形成一定规模的集团公司，对于旗下的各级组织与不同机构往往会有"大家都是一家人"的心态——会将下级机构看作分公司，将其视为自己的一部分，认为很多事情没有必要"分得太清"。

在这种心态的影响下，与预算相对应的职责的划分，特别是对于资源的责任权的划分不够细，导致之后的管控也是粗线条的，比如不分利润中心、成本中心，或是只有一个巨大无比的成本中心，或是把销售部与市场部混为一谈（其实这两者无论是从市场角度还是从客户角度来看都是有区别的）。销售组织的架构往往是按地区、客户来划分的，而市场部却是按产品来划分的。

从地区布局到工作内容的差别如此大的团队，在资源消耗上肯定是不一样的，比如市场人员会使用更多的媒体与实验室资源，而销售人员会有更多的出差与提成费用。对此我们必须区别对待，要细化出各自的指标与资源配置。

上述是从规划层面进行分析的，而在执行层面，"小公司"往往不太接受"亲兄弟明算账"的理念，特别是民企老板开创的企业所拥有的许多家子公司，还是在以"分公司"的理念经营。

下面介绍一个有代表性的案例，这个案例来自以前公开课上一位学员 A 君的分享。

一家德国家族企业在中国开办了子公司，A 君在子公司担任财务经理，他发现子公司每月都有与员工规模不成比例的差旅费支出。A 君在仔细调查后发现，母公司的德国专家每个月都会前来做技术指导，一待就是半个月的时间，而这半个月的酒店费用全由子公司以支票的形式直接与酒店结算。与此同时，德国专家还会按母公司的差旅政策获得每天 100 欧元的伙食费与交通费津贴，母公司要求出差的专家直接到子公司财务部领取这笔津贴，而子公司财务部会以人民币支付，以节省在机场或者酒店的换汇手续费。

我们不妨来构想这样的情景，一位德国专家在 2021 年 1 月 5 日出差来到中国子公司，填了一份按出差 15 天计算的领款申请单，财务部凭此申请单让他签字领取了与 1 500 欧元等值的人民币津贴。但是 5 天后，母公司有急事召回了这位专家，他带着未用完的 1 万多元人民币回到了母公司。那么，子公司该在哪个环节通过哪种方式让他退还不该享受的 10 天津贴呢？

对于中国子公司来说，财务部在给专家发完津贴后，留下了做账的依据，就不会再去追究后续的问题了。因为这是母公司的政策，而且专家的直属上司在德国，他是否需要提前回国也不在子公司财务部的管辖范围内；至于母公司的上司或财务人员见到了专家，也不会想到津贴的细节。也就是说，每个人都在忙着自己负责的一摊事务，根本不会去过问属于他人责任范围内的问题，所以除非这位专家有较高的自觉性，这笔钱就不会被交还给子公司。

这个案例带出了成本控制的一个核心理念：责权利必须高度一致，才会避免组织资源的浪费，否则就会出现这种理所当然地花其他部门账本上钱的事情。

在那堂公开课上，A 君还分享了后续发生的事情。在做税务调查时，税务局发现有几十万元的差旅费是德国公司的员工发生的，这些人不是中国子公司的雇员，不能作为中国子公司可抵扣的经营开支，所以要剔除出来补税。而这些费用在德国本应是合理的抵税开支，能够享受 40% 抵扣的费用，结果在中国却连 25% 的抵税效果都没有达到。也就是说，为了省几百元换汇的手续费，这家子公司一年光税费就要损失几十万元，更不用说为员工付出的不必要的生活补贴了——有些专家的出差任务本可以在 10 天内完成，他们却要故意拖延到 15 天甚至更长时间。

这个案例也反映了经典的"小公司"预算问题，"母子"在资源的消耗上不分你我，结果却让没有管辖权的主体承担了费用，既造成了内部资源的不合理消耗，又造成了不该发生的外部损失。

再来看看"大公司"。"大公司"在责权利上会定义得很清晰；在组织理念上，会把各级组织定义成独立的子公司，并对其加强管控。很多跨国公司还发明了一种叫作矩阵式组织（Matrix Organization）的汇报机制，特别强调职能部门的直线汇报关系。

比如，子公司的 IT 经理要向全球的 CIO（首席信息官）汇报，有的还特别强调直线汇报是实线汇报，而向本地的厂长或总经理的汇报是虚线汇报。

这套机制看似合理，但在执行中稍不注意就会出现另一种预算管理偏差。这种偏差不是表现为控制不够，而是控制过多。我在做中国区财务总监时，就遇到了一位控制型的全球首席信息官。他曾被德国专业杂志评为"全德十佳 CIO"，可是一到我们公司，却拼命扩张他的权力。比如在预算范围的划分上，他要求全球的工厂、研发中心、销售公司凡是跟电脑服务器相关的支出，都归他统筹预算；全球 IT 部有多少工程师、多少软件版权费用，甚至有多少台显示器，都要进入他个人的成本中心做统一预算。

这些政策一出台，就出现了意想不到的一幕：很多工厂厂长在一起开会时，会比较谁的笔记本电脑新，彼此还会交流"多花 IT 部钱"的经验。比如让工厂产品测试硬件加软件的费用由供应商开成软件费，这样可以降低产品的折旧费和测试费用，自己的成本 KPI 就更容易达成了，但是 IT 部的成本却不断飙升。

也许你会问，CIO 难道连产品测试软件与 ERP 软件都分不清吗？当然不是，只不过在实操中他做不到这一点。

首先，CIO 汇聚了全球 100 多家子公司的 50 多种不同费用，某种费用多花几十万元，他不会有明显的感觉。即使他和他的财务控制团队发现了问题，但由于存在信息不对称，他也只能接受工厂厂长的解释。比如厂长会这么说："你规定笔记本电脑按 5% 的替换更新比例给我们做预算，但是我们工厂今年产量增加了 30%，而且我们的离职率比德国高几倍，这 5% 哪够？"CIO 听到这样的回复，也只能无可奈何地接受。

这个案例又引出成本管理的另一条法则：成本管控的责任应当按谁更有能力管理资源来确定。这个"更有能力"包括任命权、信息权和激励权，很显然，像这种高高在上的 CIO 采用的跨组织集权制，就不属于"更有能力"的范畴，难怪会造成成本的飙升。

对于上面 CIO 遇到的问题，应当如何解决呢？这里推荐一个大公司管理中常用的方法——预算下沉分配。CIO 可以继续做他的整体规划，比如按用户数量规划的软件升级制定全球预算费用，然后将相应的预算按人头下发给每家子公司，各子公司再将其纳入本地预算，以后各子公司日常的采购审批流程就按这个预算来执行，这样就能够避免母公司与子公司之间的规划实施错位问题。

总结"大公司"与"小公司"的预算管控问题，我们会发现"小公司"往往分得不够细，有谁承担责任都无所谓的"分公司"心态，对资源在消耗过程中的管控缺乏足够的力度，不结算反而造成了更多的结算成本。"大公司"则刚好相反，"大公司"存在一种直线管理的迷思，由于双线管理的漏洞，常会出现某一条线过度控制的问题，在预算管理上一味追求大而全，结果因为各种信息不对称，反而会造成组织中的资源滥用。

因此，我们一定要注意把握好这样一条原则：谁对资源更有管控能力，谁就拥有预算控制权。

金句 ｜ 内部核算并不是一个零和游戏。

15

生产力项目

为什么全年绩效管理项目要由财务部牵头

在进行预算管理时，我们常常会遇到一个典型的问题：当自下而上的预算总额与上面的目标之间存在差距时，该如何弥合这个差距呢？

下面就让我们来了解一下预算制定过程中的这种"向上与向下"的目标差距是如何产生的。

假设阿尔法工厂自下而上做出的全年成本预算为 5.65 亿元，这个方案没有被总部通过，相反，总部还在这个数字的基础上下调了 5 000 万元，将全年成本预算定为 5.15 亿元（见图 3-3），而且不许讨价还价。

这样的现象是不是很常见呢？不但子公司与总部之间会出现这样的现象，就是子公司的各部门与其总经理之间也常会有这样的"讨价还价"的现象。

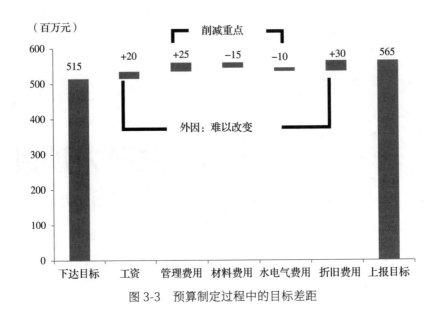

图 3-3   预算制定过程中的目标差距

之所以会出现这种"讨价还价"的现象，主要是因为各自的立场不一样。子公司在进行预算时，是站在自己的角度看问题，觉得成本比过去有一定幅度的削减就算是完成任务，但这显然是不够的。教科书上对此还有一个解释——预算余量（Budget Buffer），可以理解为子公司为了确保完成预算指标，会"藏"一些成本在里面。

站在总部的角度来看，我们在确定预算目标时，采用的是外部视角。比如总部制定的单位生产成本是对标竞争对手的，是根据生存和发展的需要确定的自己的成本底线。像内存芯片每年有 30% 的降价，我们现在的价格定为 10 美元 / 条，那么明年只能卖 7 美元 / 条。而竞争对手明年的成本预计在 5 美元 / 条，我们现在的成本是 7 美元 / 条，那就要让成本下降近 30% 才能存活。

所以总部根本不在意子公司削减 20% 成本这一类的"表演"，在预算方案会议上，总部基本不会去看子公司的详细数据，而是会用自上而下的方式定一个总成本预算数字，然后按各子公司的规模分解下去。比如 5 个后道工厂共需要削减 1.5 亿元的成本，阿尔法工厂的产量占总产量的 1/3，那么阿尔法工厂必须削减 5 000 万元的成本，所以总部才会将 5.65 亿元的成本继续下调到 5.15 亿元。

说到这里，也许大家会问，总部这样定目标，子公司能完成吗？答案是肯定的。总部在定目标时，除了考虑到市场竞争的必要性，还会斟酌实施的可能性，这个可能性的背后就是企业运作中必然存在的惯性成本。

事实上，每家企业都存在一定的惯性成本，企业存续时间越长，惯性成本就越大。那么，什么是惯性成本呢？它是在企业运作中基于常规经验形成的常规操作与最佳操作之间的效率差。

我在表 3-4 中列出了三种典型的惯性成本，分别对应制造成本的料、工、费。

表 3-4　三种典型的惯性成本

常规操作	最佳操作	相应成本
严格按照客户的规定参数来设计 BOM 材料成本	在不影响品质的情况下，给客户提供更多的选择	材料成本
每 10 个操作工配备 1 个辅助工	培养操作工自己完成辅助工作	人工成本
生产制造过程中使用的模具由模具厂外加工	利用闲置设备与闲置人力自制标准模具	制造成本

1）在材料方面，企业的一个常规操作是严格按照客户的规定参数来设计 BOM 材料成本，但实际情况是客户为了保证品质往往会把参数定得比较严苛。比如一个弯折件在加工制程中弯折的次数为 5 000 ～ 6 000 次，客户为了减少潜在的质量隐患，会订一个 1 万次

的可靠性指标。作为供应商，如果严格跟进客户的规定参数，就会造成材料成本的增加，此时我们就可以在不影响品质的情况下，给客户提供更多的选择，比如可以做个弯折 8 000 次的方案，让客户做可靠性测试，这样既能满足客户对品质的要求，又能把材料成本降下来。

2）在人工方面，企业的常规操作是每 10 个操作工配备 1 个辅助工，负责上下料搬运和简单的机器故障处理工作。此时我们就可以尝试培养操作工自己完成辅助工作，比如可以让操作工学习处理简单的机器故障，这样就不必额外配备辅助工，能够节省人工成本，节省下来的钱还可以拿出一部分作为奖金或者多技能岗位津贴发给员工，可以说是一个双赢的方案。

3）在费用方面，所谓"术业有专攻"，做产品的不做工具，这是一个常规操作，所以生产制造过程中使用的模具一般由模具厂外加工，但是如果 10 个工程师只用了 70% 的时间，机器也有 20% 的闲置时间，我们就可以利用闲置设备与闲置人力自制标准模具，这样也能减少一些制造成本。

以上三种典型的惯性成本，都是我在工作实践中遇到过的，采用的做法也产生了理想的效果，值得大家参考。其实，企业中的惯性成本是无处不在的，像这样的例子还有很多，比如大家购买的手机等电子产品，其成本基本上是以每年 20% ～ 30% 的速度在递减的，这不仅有摩尔定律的影响，还有一个重要的原因是整个价值链上的生产商都在想办法削减自己的惯性成本，不断对标最优操作，才会造成成本的不断下降。也正是因为这样，预算差距的存在才会具有必然性与合理性。那么，我们应当如何弥合这样的预算差距呢？

这就需要我们形成"成本管控常态化"的基本思路，而要实现

"成本管控常态化"，我们可以应用一个具体的实操方法——开展生产力项目。

　　这里所说的"生产力项目"有两个特点：第一是全年化，第二是全公司化。以阿尔法工厂 5 000 万元的成本削减目标为例，为了更好地落实预算目标，我们首先要成立一个"生产力项目小组"，其组织图见图 3-4。

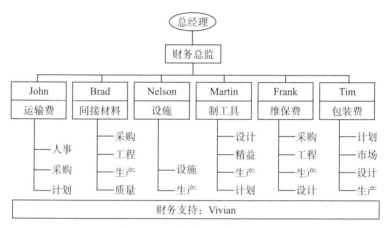

图 3-4　生产力项目的组织图

　　在生产力项目小组中，总经理是整个项目的发起人，位于组织的顶层。

　　总经理下面的组长是财务总监，下设的组员为各个职能部门的相关业务负责人，因为有很多削减成本的工作需要几个部门一起协作完成，比如材料可靠性参数的优化，就需要技术部、生产部、采购部与品质部的人员共同协作。不过，这里的职能部门不一定要按组织架构中的部门来定，而是应当以对成本影响大的职能单位来定。比如我以前工作的工厂有几万名工人，班车费是一项大的支出，管班车的行政主管就成了一个核心组员。

在具体落实成本削减目标的过程中，项目小组要注意开好两个会议，分别是启动会和回顾会。下面我将以情景剧的形式给大家介绍一下如何开好这两个会议。

总经理正在办公室里为如何消化 5 000 万元的成本差距伤脑筋。这时，财务总监走了进来，说："我有办法解决这个问题，但必须得到您的支持。"

总经理请财务总监具体讲解一番。财务总监说道："有两个会议是您必须出席的。第一个会议是启动会，您需要在启动会上讲话 3 ～ 5 分钟，以传达这样一条强有力的讯息：实现 5 000 万元的预算成本削减目标是我们今年工作的重中之重，希望各个部门将此作为头等大事来抓。至于落实，我会让财务总监牵头，成立一个项目小组，大家需要全力配合支持他的工作。"

总经理认为这个要求很简单，又问财务总监第二个会议如何开。

财务总监告诉总经理："第二个会议就是每个月的项目回顾会，会定在每月第三周的周五下午举行。我希望您能够预留时间，每次开会时都能到场听取各个项目成员的进展报告。"

总经理点头道："这个也没问题。"

……

看到这里，大家可能会觉得很好奇，难道只要开好两个会议，就能节省 5 000 万元成本吗？

答案是肯定的。我们先从第一个启动会说起。在总经理定性定调之后，财务总监就可以以项目小组组长的身份登场了。他会将一个事先准备好的"3O 工作坊"事项写到白板上（见图 3-5）。

Outcome	大目标	例如产品成本成为业内标杆
Objective	工作坊目标	例如实现5 000万元成本削减目标
Output	工作坊输出	例如按职能负责人列出的一组行动方案

图 3-5　"3O 工作坊"事项

我们先看上图中间的"O"，Objective，它直指工作坊目标——实现 5 000 万元成本削减目标。同时它也对应到上面的一个"O"，Outcome，即工厂的大目标：产品成本成为业内标杆。如果我们能够实现工作坊目标，就能实现上面的大目标，使产品成本成为业内标杆。最后一个"O"是 Output，即工作坊输出，它需要我们按职能负责人列出一组具体的行动方案，这样会议才算是开成功了。

这个 3O 工作坊事项将启动会的目标任务以及每个人的角色定义得清清楚楚。之后，财务总监会按分配好的成本结构将相关职能人员分成小组，如材料组、制程组、人工组、开发组等。在确认好组长人选后，财务总监可以给出预算费用和降本目标这两组数字（见表 3-5）。

表 3-5　目标任务　　（单位：百万元）

项目	预算费用	降本目标
材料组	250	20
制程组	150	13
人工组	70	10
开发组	95	7
合计	565	50

表 3-5 中的数字就是将 5 000 万元分解到四个组中的具体数字。每个组都会交叉配置各个职能部门的人员，比如材料组的组长会由采

购部经理担当，成员有技术部、生产部和品质部的主管。各个小组以头脑风暴的形式打开思路、挖掘潜力，最后形成一系列的行动方案，达成 5 000 万元的降本目标。

当然，为了提升效率，财务部要做必要的事前准备，比如将每个组的费用列出明细。像制程组的 1.5 亿元费用中，排名前十的是哪几项；有些大额的常规费用甚至可以列出更细的分类，比如胶水一年的耗用量是 1 200 公斤，其中 70% 为进口，30% 为本地采购，其价格差异是多少；再如每个关键材料都由哪几家供应商提供，它们去年一年的采购份额与价格分别是怎样的……

借助启动会，总的降本目标被分解到各个小组，接下来就是每个月一次的回顾会，每个项目成员必须进行述职汇报。比如在化学气体节约方面，公司准备自建一个氮气站，计划当年 3 月底建成，现在因为在招标上拖延了半个月，后面会争取在工期上赶上来，确保当年 4 月氮气费用达成降 30% 的计划目标。

在回顾会上，财务部的作用相当于"流程助动者"（Facilitator），不对内容负责。比如氮气成本的削减是通过砍价还是自建气站来实现，这是业务部门需要考虑的事情，财务部只要告诉它们这样的事实："在每件产品的成本结构中，马来西亚工厂的氮气费为 0.30 美元，而我们厂是 0.40 美元。"接下来具体的流程就要由业务部门自行去推进了。而财务部可以按大家承诺的目标去跟踪数据、召集会议、记录行动方案，之后再进行跟踪和回顾，直到年底成本削减目标达成。

总之，在生产力项目的落实中，"启动会"与"回顾会"这两个会议非常重要。前者能够确保计划方案的形成，后者确保计划方案的实施。财务部在这个项目中的领导作用体现在对流程的掌控与推动上，并可以配合详细的财务数据为业务部门的计划方案提供支持。

金句	比昨天好还不够好。

16

成本削减

如何实现跨越式成本削减

我们已经介绍了很多关于成本控制的内容,从决策控制到预算管理,再到上一节的全年推行的生产力项目,这些都是关于架构和方法的讨论。然而,企业对于管理会计最核心、最常见的要求是成本削减,特别是大幅度的成本削减,所以本节就围绕如何实现跨越式成本削减这个核心主题展开。

我们首先要想清楚这样一个问题:是通过改良还是通过改革来实现跨越式成本削减?所谓"改良",就是维持大局不变,只在局部稍做修正和完善;所谓"改革"则需要跳出常规思路,从企业的惯性成本入手,进行大刀阔斧的变革,即"不破不立"。

不破不立,字面意思容易理解,但该从哪里破,又从哪里立呢?本节给大家提供了一个抓手:第一性原理。

第一性原理的精髓是从事物的本质出发,将结果与最源头的关键因子联系在一起思考以获得洞见。它最早由亚里士多德提出,但在商业上却被埃隆·马斯克（SpaceX 公司的创始人）"玩"到了极致。

　　一枚火箭的市价曾经是 6 500 万美元，但是马斯克将一枚火箭的全部材料（包括铝合金、钛、碳纤维等）列在一个清单上，却发现这些材料加起来只有 13 万美元，即火箭的 BOM 成本仅为火箭市价的 2%。头脑敏锐的马斯克马上获得了一个商业洞见：从 2% 到 100% 的巨大空间里一定蕴藏着商机——即使火箭售价是美国航空航天局（NASA）购买价的 1/10，依然有 5 倍的利润空间。于是马斯克果断决定自己造火箭。2018 年 2 月 7 日，SpaceX 公司的"重型猎鹰"运载火箭在美国肯尼迪航天中心首次成功发射，不仅成本比 NASA 的低得多，还完成了两枚一级助推火箭的完整回收任务。

　　这个案例让我们看到了第一性原理的最可贵之处，那就是要打破一切知识的藩篱，获得用常规方法无法获得的洞见。而在本节所讲述的一对（矛盾）变量"改良"与"改革"中，改良是以创新为根基，改革才是从洞见出发的。如果用一块手表做比喻，有关成本削减的改良都是聚焦在秒针上，而洞见则可以帮我们聚焦在分针上，分针每走一格相当于秒针走 60 格，可见洞见能够产生的影响是非常惊人的。

　　企业在运转过程中已经沉淀了很多的流程与规范，这些复杂的流程与规范会让我们看不到资源消耗的本质，在这种情况下，想要实现跨越式成本削减，我们也要先找到一系列关于成本的洞见。

　　下面就是我从二十几年工厂成本管控实践中获得的关于成本的洞见，我从第一性原理出发，列示了常见的成本方面的常识问题、逻辑问题、比例问题和价值问题：

> ▶ 常识问题（材料比成品贵、服务商的批发价高于自己询价得到的零售价）

▶ 逻辑问题（商业陷阱、3 年的维保费高于设备的价格）

▶ 比例问题（人员比例失调、直接材料与间接材料的价值比例失衡）

▶ 价值问题（外部得益的方案、咨询费高于项目价值，律师费高于标的价值）

1）常识问题。此即我们常犯的常识性错误，比如材料比成品贵、服务商的批发价高于自己询价得到的零售价等。

有一次，我通过互联网订去洛杉矶度假的机票，发现价格比一周前公司通过旅行社订的要便宜一些，于是我要求行政部与旅行社核对价格。这才知道行政部还在沿用互联网直接订票时代之前的协议，导致机票价格偏贵，这就属于典型的惯性成本。类似的例子还有很多，那些我们曾经认为理所当然的事情，随着时间的推移，现在已经变得有违常识了，此时我们就应当重视，才不会犯常识性错误。

2）逻辑问题。有句老话叫"买的不如卖的精"，企业在购买材料与设备时，常常会被供应商"算计"，比如"硬件低价、软件高价"的商业模式就很可能是成本陷阱。比如企业买设备时花费的成本比市场价低 30%，但每年却要多付 1 倍的维保费，3 年下来，维保费甚至超过了设备的价格，这显然是不合理的。

3）比例问题。比如一线工人与职能部门员工的比例失调、直接材料与间接材料的价值比例失衡、加班费与基础薪酬的比例失衡等，这些比例问题都应当成为关键切入点。以财务部为例，如果财务部有 10 个人，其中 9 个人都在做账务，只有 1 个人在做管理会计，那么财务部肯定在做低附加值的工作。

4）价值问题。我们常说物有所值（Value for Money），企业的很多经营活动在开展时本来是有价值逻辑的，但很快会掺入情感因素，最后就会变成在做背离价值的事了。比如对收不回来的坏账还在持续地投入律师费和差旅费，这就是被沉没成本"绑架"了。

以上这些从第一性原理出发的关于成本的洞见，是从财务角度所做的总结，但最应该认真了解这些洞见的人却是各成本中心的负责人。

为此，财务人员可以先做成本洞见的引导，让大家从惯常的操作中抽离出来，去思考最本质的问题。

如何思考呢？这里介绍一个方法——资源组合替代法。著名的经济学家塞萨尔·伊达尔戈写过一本《增长的本质》，他从资源的视角指出了这样一条洞见：原始社会与现代社会的本质区别只有一个，就是物质的排列方式不同。铁矿石、硅土、橡胶树，这些物质一直都存在，但是现代人有智识对它们进行提炼、加工、优化，最后造出了能够在公路上行驶的汽车，这就是物质排列方式不同造成的巨大差异。

我们不妨引用他的这条洞见，在成本大幅削减的项目中，也以资源排列的方式去构思，用资源重新组合、重新替代的方式去审视现在的资源耗用方式。

产品的成本归根结底是资源的消耗。常见的资源有两种，一种是可见的，另一种是不可见的。可见的资源有人、机、料和钱；不可见的资源有技术团队的专业知识、供应链上下游的议价能力、组织决策执行的效率等。资源组合替代法就是用一种新的资源替代原来的资源，形成一种全新的资源组合方式，使得成本大幅下降。

下面我将结合一些实例来具体地介绍资源组合替代法。

常见的资源组合替代法有四种：用工艺换材料、用空间换时间、用软件换硬件、用前道换后道。

▶ 用工艺换材料：将移动加工改为滚动加工，减少材料浪费

▶ 用空间换时间：工人坐在滚动带中间操作，减少加工时间

▶ 用软件换硬件：优化测试算法以减少测试仪器的购买数量

▶ 用前道换后道：用前道的防伪标识减少后道多余检验

1）用工艺换材料。生产制造成本中最重要的一部分是材料成本，降低成本最有效的办法是针对企业BOM清单中最贵的材料来思考新的操作方式。比如在制作线路板的过程中，最贵的材料是铜箔，传统的做法是将铜箔截成一块块板子去做打孔、显影等操作，这样一来，每次的裁切处因为要和其他的固定结构固定住，总会有边框，而这些边框是无法用于线路排板的，这就影响了铜箔的利用率。我们用第一性原理启发工程师思考："如果可以自由设计工作流程，你觉得什么样的操作可以减少铜箔的浪费？"大家经过头脑风暴后，找到了一个用工艺换材料的思路，就是改变一个框一个框的移动加工法——将铜箔放在滚动皮带上连续滚动，这样就避免了连接的问题，也就不存在边框的浪费了。滚动加工法节约了20%的材料成本，这就是用工艺改善来换取材料利用率的一个典型事例，它也提醒我们要重视工艺这种沉淀在技术团队大脑中的无形资源。对于财务人员来说，我们更是要从资源的角度来看待周围的世界，要注意提醒资源的拥有者全面审视未被充分利用的资源，特别是那些"无本万利"的无形资源。

2）用空间换时间。在人工密集型的工厂，如何削减日益增加的人工成本是管理会计会遇到的普遍问题。我曾在一次工作坊上，引导工程师尝试了一个用空间换时间的改进方案。以前，每位工人像吃自助寿司一样坐在滚动带的外围，等工件转到眼前才进行加工；新方案是让工人坐在滚动带的中间，工人在做完左侧的第一道工序后，可以

来个180°的转身，操作右侧的第二道工序。这样，我们就能将每个零件的加工时间缩短一半。同样的道理，如果一家公司的场地成本是瓶颈，比如净化室的成本非常高，我们就可以考虑用时间换空间的改革。

3）用软件换硬件。举个例子，以前的iPhone有一个主屏幕按钮（Home Button），即回归主页面的主键。在苹果手机的返修清单中，工程师发现绝大多数返修是修理主键的，因为主键的使用频率最高。那么，有没有办法降低主键的返修率呢？除了在改善材质与工艺上想办法外，还有一个方法就是用软件来代替硬件，于是就有了大家后来经常用到的那个小浮点。这就是用软件资源代替硬件资源的典型案例。这样的例子还有很多，比如在使用昂贵的半导体测试仪器时，我们通过并行测试等软件的优化，让测试仪器耗时大幅缩减，于是原来需要10台仪器才能完成的测试任务，现在只需要5台仪器即可完成。

4）用前道换后道。在企业上下游之间，有一类经常发生的成本叫信用成本。我们在购买名贵的烟酒时，特别担心买到假烟假酒，其问题往往出在中间环节，比如有人会在运输途中偷梁换柱。为了避免这样的问题，就有了茅台酒的破坏性瓶盖设计，这种设计的实质是在生产者与消费者之间形成一条明确的信息纽带，以减少信用成本。同样的道理，我们可以让上游企业在做出厂检验时加入一条唯一的特征信息（防伪标识），这样下游企业就可以凭这条特征信息省去自己的入厂检验。也就是说，从第一性原理的角度出发，凡是不增值的操作（即浪费性操作）都可以被去掉。

想要判断上下游企业之间是否存在浪费性操作，有一个非常简单的方法：我们可以设想上下游企业不是独立的两家公司，而是一家公司的两个车间，那么它们是否仍然会做同样的操作呢？比如发货端做 100% 的检验，收货端也做 100% 的检验，在同一家公司肯定不会出现这样的情况，所以这就是一种浪费性操作。

这也是为什么像富士康这样的制造企业要成立自己的公司做上游加工。其中一个重要的考量就是能够减少重复检验的信用成本，因为这个信用成本是可以通过资源排列组合的方法缩减甚至全部削减的。

在实际操作中，我们还可以将上述组合进行反向操作，比如用人工换材料，也可以用材料换人工；用软件换硬件，也可以用硬件换软件，具体要看企业实际运作场景下资源要素的机会成本。

总之，沿着以前的路径进行改进，带来的是一种改良式成本递减。以资源组合的视角进行资源消耗方式的改革，带来的则是跨越式成本削减。改良是聚焦在秒针上，而改革是聚焦在分针上，相信学习完本节的内容后，大家对这句话会有更深的体会。

金句 ｜ 洞见比创新更重要。

第 4 模块

资源整合

17

信息平台

每个部门设好各自的 KPI 是否就不需要财务部了

在前三个模块中，我们从最小颗粒度的数据出发探讨了数据智慧方面的问题，然后以数据为抓手，详细讨论了一个管理会计的必备技能——成本分析。然后，我们在第 3 模块"成本控制"中又从企业宏观层面探讨了有效进行成本控制的思路与方法。

从这个模块起，我要带领大家再上一个台阶——从企业资源的高度，讨论如何发挥财务人员的专业价值。这个模块分为 5 节，主题包括信息平台、向内整合、向外整合、供应链管理以及组织效能。

下面我们先从"信息平台"讲起。

在上一模块"成本控制"中，我们重点解决了一个问题，即财务部如何让其他职能部门各司其职——从预算入手，到生产力项目的持续改善，再到跨越式成本削减，所有这些都是围绕职能部门在专业分工下的降本增效来讨论的。

做完这些工作后，其他各个职能部门都能够各司其职，每个部门也设好了自己的 KPI，财务部是否就没有存在价值了呢？答案当然是否定的。因为这里有一对（矛盾）变量，就是"分"与"合"，高效的专业分工从部门的角度来看确实能让局部效率最大化，但企业的输出最终是合一的输出，其效率必须体现在整体效果上，这也就是任正非在华为一直强调的"力出一孔"。

那么，财务在企业的整体运作中，又扮演着什么样的角色，起着什么样的作用呢？

抽象的企业并不存在。我们说企业的效率，从本质上讲是企业家运作的效率。那企业家的核心输出又是什么呢？企业家其实只要做好一件事——整合资源，也就是将各种内外部资源要素整合出最好的效率，这样企业才能够给市场创造价值。

管理会计作为企业家的"智囊"，其角色也离不开资源整合。如果说企业家每天做的是整合看得见的有形资源，比如分配人力、规划材料、调配机器等，那么优秀的管理会计则是用信息整合企业的各种资源，相关的信息包括设备的闲置率、材料的加工周期、人工效率，以及各种资源互换的保本点等。通过这些信息，管理会计能够给企业家这个"领航员"提供各种详细的"驾驶舱仪表参数"，便于企业家适时调整航向，根据经营环境的变化做必要的准备预案，确保企业能够抵达预设的目的地。

关于管理会计的信息整合作用，我做了一张财务资源平台信息图（见图 4-1）。

图 4-1 不仅列出了与人、机、料、钱有关的信息，还列出了组织流程这一无形资源，这些资源要素彼此之间互相关联、互相影响，而财务部的一个核心作用就是确保这些资源的协同效率与统合综效。比

如从人与机器的协同关系来看，在人力成本日益增加的情况下，引入机器自动化是一个必然趋势，但是自动化引入的具体部署，像自动化的覆盖面、引入的时间、投资的多少等，需要财务部通过各种测算来把控。财务部可以进行最小订单量的保本点测算，还可以进行非通用设备的投资回报期（Payback Period）的调整等。

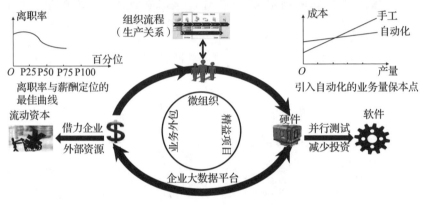

图 4-1　财务资源平台信息图

在机器这个大类中，又涉及硬件与软件的组合与切换问题。很多人觉得硬件和软件是一种组合关系，虽然在大部分情况下确实如此，但是硬件与软件也有可能是互换关系。我们在上一节讲到的通过并行测试等软件优化来提升测试仪器的单位效率，就可以减少硬件的投入。有的时候我们还可以将软件硬件化，即将软件实现的功能集成到硬件之中，这样，虽然产品成本上升了，但是如果整体的运行稳定性得到大幅提升，就可以通过产品溢价的方式收回投资。所以，有时增加成本反倒会增加整体的利润。

至于"钱"，这个资源要素的灵活性就更大了。凡是与钱相关的，都可以纳入财务的各种测算与建议之中，比如操作工与技术专家的工

资该如何定位才能实现最佳的成本产出比。有时，连工人都要给 P75
分位工资（市场 75% 分位工资水准）的企业未必是高成本的企业，因
为这些投入能以超比例的高产出率摊薄产品成本。

上面举的这些例子，大家在概念上不难认同，甚至可能会认为这
都不算什么问题，因为每个企业都是这样运作的。

可事实真是如此吗？我做了一张表（见表 4-1），展示了在财务信
息整合缺失的情形下，企业会出现的各种组织成本。

表 4-1   财务信息整合缺失情形下的组织成本

组织成本	典型案例	财务切入点
交易成本	"羊毛出在羊身上"的隐性加价	供应链整体成本测算
闲置成本	非瓶颈设备的持续投资	用最低产出工位的产量来测算
信息成本	标准成本不标准造成的浪费	及时更新标准成本
协作成本	相互矛盾的 KPI 拉低了整体效益	调整 KPI 考核参数
管理成本	高离职率带来的品质问题	离职率保本点测算

1）交易成本。很多公司在向供应商压价时，自以为是强势的甲
方，什么都要求最高配置，将便利的条件都留给自己。以化学制品印
染为例，明明自己有 1 万件的订单需求，但为了减少仓储成本，每次
只订 2 000 件，低于供应商最低开缸量（化学制品的印染制程对制剂
投放有最低开缸量的要求），供应商必然会提高价格，由此就造成了
"羊毛出在羊身上"的隐性加价。对此，财务应当从供应链整体成本
测算切入，以确定合理的最小订单量。

2）闲置成本。这是最常见的组织成本，我在此列举的典型案例
就是非瓶颈设备的持续投资。对此，财务可以用瓶颈工位产出来测
算，参考我在第 12 节中讲过的非瓶颈工位的产量提升投资预案，如
果不是财务用全制程最低产出工位的产量来测算，公司就可能多买不
必要的设备。

3）信息成本。很多公司的标准成本一年才更新一次，引入自动化以后，原来每件产品需要10秒的工人操作优化到了8秒，省下的2秒如果没有在系统中体现，就可能造成计划部门在做人员规划时要求多招人。所以，财务部应当及时更新标准成本，使企业的资源耗用信息与现状及时同步。

4）协作成本。KPI互相矛盾是一个组织常见的问题，也会拉低整体效益。比如公司与供应商谈好的年度降价会从下一年的1月1日开始执行，那么从节约材料成本的角度考虑，公司在12月30日与31日这两天就应当不让供应商送货，并要尽量将手中的库存用完，到下一年的1月1日再将安全库存补上。但是计划部门的KPI是不能让车间断料的，所以它会死守3天的安全库存，在12月28日会照常开出进料计划单让供应商送货。此时，财务部就应当出面干预——可以调整KPI的考核参数与考核办法，比如季度末降价前的几天不做安全库存考核。

5）管理成本。任何管理细节上的疏漏都会造成企业的额外成本，比如操作工的高离职率带来的品质问题就属于这一类。新人大进大出会造成很多不必要的资源消耗，从内部的招聘、培训、后勤投入，到外部频繁的劳务中介费支出，这些都会造成一系列与离职率相关的直接和间接成本。这时，财务部就可以做一个离职率成本与奖励措施的保本点测算，帮总经理更好地统筹资源。

通过上面的一系列案例可以看到，如果任由公司的各个职能部门各司其职，就会出现很多无人看顾的"真空地带"。然而，企业要体现整体效能，不仅需要提升纵向的职能效率，还需要做好横向的整合调配，才能减少"真空地带"。

如果把企业比喻成一堵墙的话，这堵墙要屹立不倒，经得起市场的风浪冲击，就必须具备两个坚固的组合要素。第一个要素是构成这堵墙的每一块砖，即除财务部以外的各个职能部门，它们都能各司其职，扮演好"砖"的角色；第二个要素是嵌在砖与砖之间的墙泥，即在组织中发挥信息整合作用的财务部，财务部把其他各个职能部门用资源这条线串联起来，让一块块"砖"形成一股强大的合力，确保组织整体上的高效运作。

那么，财务部的信息整合作用，在实际工作中又是如何发挥的呢？这里以离职成本测算为例，来说明财务部是如何运用保本点测算这个工具帮企业整合资源的。

先来看看下面这张离职成本模拟测算表（见表4-2），为了减少大家的认知负担，我将数据简化为整数。

表 4-2　离职成本模拟测算表　　　（金额单位：元）

项目	实际数据	实际数据推断	离职成本	演算逻辑
离职率	80%			
离职员工数（人）	1 500			（1）
操作工月工资（元/人）	2 500			（2）
显性成本			9 000 000	（3）
劳务中介费	5 000 元/人		7 500 000	
面试成本	300 元/人		450 000	
离职处理成本	200 元/人		300 000	
新员工融入成本	500 元/人		750 000	
隐性成本	15 600 000		6 000 000	（4）
报废成本	9 000 000	30% 离职率相关性	2 700 000	
效率损失	6 000 000	50% 离职率相关性	3 000 000	
培训费	600 000	50% 离职率相关性	300 000	
总成本			15 000 000	（5）=（3）+（4）
每年人均离职成本			10 000	（6）=（5）÷（1）
离职成本折合工资月数			4	（7）=（6）÷（2）

假设这家企业过去一年共有 1 500 名操作工离职，离职率为 80%，

即每过 1.25 年，或者说每过 15 个月，所有的操作工会全部更换一遍。这样高的离职率带来了很高的企业用工成本，包括显性成本与隐性成本两大部分。

显性成本中最大的一部分是劳务中介费。以每补招一名操作工支付 5 000 元的劳务中介费测算，1 500 人就是 750 万元；然后是面试成本，以人均 300 元计算，总计是 45 万元；此外还有一进一出的离职处理成本与新员工融入成本（比如按人计算的团建费、制服费等），分别为 30 万元与 75 万元，将以上四项加总，可以看到显性成本合计为 900 万元。

再来看看隐性成本，其中最大的一部分是因为人员波动造成的产品报废成本。公司一年的总报废成本是 900 万元，其中 30% 是与员工操作相关的，也就是说，因为高离职率引发的品质成本达到了 270 万元。

读到这里，大家可能会问，产品报废成本与离职率的 30% 的相关性又是如何推算出来的呢？

这里就要详细介绍一下离职率的计算问题。我在第 11 节 "质效分析" 中提到过内部损失的成本，其实在内部损失的监控上，还有更加细致的数据分析（见表 4-3）。

表 4-3 这张明细表就是一张在线的实时分类的报废缺陷类别统计表。每个产品的报废都可以通过一个缺陷类别代码（Defect Code）来分类，以及时记录报废的原因，比如 01 是供应商材料品质的问题，02 是客户设计端的问题，03 是生产品质的问题（又可细分为 03A 机器问题、03B 人为事故问题和 03C 制程稳定性问题）。

表 4-3　报废缺陷类别统计表

日期	产品料号	报废数量	报废批号	车间	问题描述	缺陷类别[①]

① 缺陷类别代码：01-供应商材料品质；02-客户设计端；03-生产品质（03A-机器问题；03B-人为事故；03C-制程稳定性）。

公司就是通过代码为 03B 的生产品质问题，定位相关产品，统计出了人为事故造成的报废成本。比如所有的报废产品中，根据统计有 40% 是人为事故造成的，再通过操作工上线操作时扫码留下的员工号信息，便可追踪到其中有 75% 是新手所为。于是就可以用 75%×40%=30% 进行离职率相关性测算，因此公司一年的报废损失有 30% 要归结到高离职率上。

回到表 4-2 中，隐性成本除了报废成本外，还有效率损失 600 万元，我们用类似的逻辑可以推算出其中有 50% 与新手操作相关，所以这一项的离职成本是 300 万元；另外，公司去年一共花了 60 万元培训费，其中有 50% 用在新人培训上，所以，这一项可以推算出 30 万元的离职成本。

将 900 万元的显性成本与 600 万元的隐性成本相加，即可得到公司一年因为离职产生的总成本为 1 500 万元，除以离职人数 1 500 人，可以算出人均离职成本为 10 000 元，这个数字相当于一个操作工（工资为 2 500 元/月）4 个月的工资。所以我们如果能将离职率降低一半，即从 80% 降到 40%，就等于人均省下了 2 个月的操作工工资。

掌握了这个数据，管理会计就可以建议人事部门设立一个针对操作工的多发 1 个月工资的"留才奖",如果操作工在公司工作满一年就可以得到相当于 1 个月工资的奖金。

　　上面这个案例让我们看到了离职率保本点测算的实际应用。之所以选择这个例子,是因为它足够"模糊"和复杂。一名管理会计越能将模糊的信息清晰化,他对组织的资源整合价值就越大。

> **金句** ｜ 财务就是公司的信息操作系统。

18

向内整合
如何降低分工带来的内部协作成本

资源整合有两个方向，即向内整合与向外整合。下面我们先从向内整合说起。

不知大家有没有注意到，企业越大，"毛病"往往越多，流程过于复杂、效率低下的问题层出不穷。所有这些流程和效率上的问题，从财务的角度来看，最终都会反映在企业的财务报表上，要么会出现越来越高的固定成本，要么会造成资产冗余浪费，要么会失去一部分潜在的收入。

为什么大企业存在那么多的问题？很多人会把大企业的低效率归咎于分工，其实分工并不是根本问题，不整合才是一宗罪。

我在财务公开课上讲到财务人员的职业规划发展时，经常会被问到这样一个问题："老师，我该守在大企业的一个具体岗位上，还是去小企业全面接触多个财务岗位的工作？"对于这样的问题，很多人的看法是：守在大企业某个具体的岗位如总账、税务或成本控制上，可以做得专业一些，但是业务范围会太窄，所以还不如去小企业做个财务主管，既管资金，又负责报税，还兼做成本，几年下来，自己各方面的能力都能得到锻炼。

但是在我看来，两种选择都有可取之处。而且无论你选择哪一种，最终都可以回归到"既专又宽"的财务专业道路上，所以关键问题不是选择做什么，而是应当怎样做。

企业在规模扩大以后，只要处理得好，还是可以解决效率与速度问题的。我们若以"信息"这只眼观察，就可以看到知识拥有者和流程负责人是否合一的问题。如果知识与流程能够很好地合一，这家企业的协作成本就比较低，反之，则一定会产生很高的协作成本。

什么是知识与流程的合一呢？大家可以看看下面这张流程图（见图 4-2）。

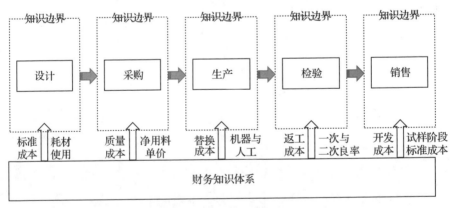

图 4-2　知识与流程的合一

图 4-2 的上半部分从横向来看是一家企业可能存在的整条价值链，从设计到采购，再到生产、检验，一直到最后的销售。企业的部门也基本上是按这条价值链划分的，但问题在于划分的同时无形中造成了

分隔。运作久了，部门与部门之间会形成一堵墙——各自在其业务细节中沉淀的知识得不到分享，就会造成信息不对称。这些信息若一直没有被整合，就会造成各种浪费，甚至会形成内耗。

下面我将按照这条价值链一一讲解其中的问题。

1）设计环节。设计部的 KPI 之一是确保工艺的稳定性，在材料选型与设备参数的设计上，一般会强调稳定的输出效果，但材料与机器在具体的操作环境中又是怎样被耗用的，这类知识不在设计部，而是在生产部。我曾经在一家电子企业工作过，该企业在材料耗用中有一项很大的开支是钻针的费用，每根钻针钻一次孔就磨损一次，钻满 1 万次后就会被替换成新的。所以设计部比较注重钻针的类型与使用次数，但是设计部并不知道，如果选用进口钻针，重新打磨之后还会有 5 000 次的使用寿命，这样即使进口钻针价格贵 20%，还是值得选用的。可惜生产部在掌握这个知识后没有进行共享，所以设计部就会选择那些看起来便宜但实际使用成本更高的国产钻针。

对于这样的问题，财务部有解决的办法吗？答案是肯定的，我们有一个叫作内部标杆工厂成本的概念，就是马来西亚工厂、德国工厂、中国工厂等把各自的 BOM 的标准拿出来比较，每一项选取最低的实际成本作为内部标杆工厂成本，再从中找到不同的业务操作，然后分享给业务端做改进。这是一个从业务到财务，并横向交流到另一端的财务，再反馈到业务的最佳实践分享，而不同工厂的交流就成了内部整合的桥梁。

2）采购环节。采购部的 KPI 之一是谈判降价，但是被压价最狠的供应商可能会在材料等级上"做文章"，导致报废率很高。这个报废率信息在品质部，财务部可以提供一个净用料单价给采购部作

为下次谈判的依据（见表4-4），我们称之为含加工损耗的物料单价
（Yielded Material Prices）。

表4-4　净用料单价对照表

供应商	供货份额（%）	单价（元）	损耗率（%）	净用料单价
A 供应商	45	1.50	12	1.70
B 供应商	30	1.55	10	1.72
C 供应商	25	1.58	5	1.66

在表4-4中，表面上A供应商的单价最便宜，但算上损耗率，这
三家的净用料单价分别为1.70元（1.50元÷（1−12%））、1.72元与
1.66元。可见材料价最低的反而是C供应商。

3）生产环节。生产部的KPI之一是产量最大化。当订单多到来
不及生产时，生产部首先想到的是通过招人增加人手，但招人未必是
最经济的做法。工程部可以开发一个自动化机器，用机械操作代替手
工操作完成重复的上料、下料动作，机器的效率无疑会更高。此时财
务部就可以进行工时、机时成本比较，算出一个平衡点，当机器的机
时效率高到一个临界值时，机器的折旧成本就可以摊薄到用机械操作
代替手工操作的程度了。

4）检验环节。生产之后是品质检验，品质部的KPI之一是退货
率最小化，为达成这个目标，品质部会采用多种检验手段（如电测、
X光测、人工目检等）以找到缺陷，甚至是潜在的缺陷。在这里，品
质部关心的是最后出厂的成品率，至于中间是否经过返工才达标，它
并不关心；但是生产部在乎中间过程，而且知道前道的检验标准严一
些可以减少后道的无谓操作。这个知识该如何分享？财务部可以通过
设置一次良率与二次良率的比较来提醒品质部，不仅要抓最终二次良
率的99%，还要关注一次良率，否则一次良率只有95%，就会导致

4% 的重复劳动。

5）销售环节。销售部的 KPI 之一是销售收入最大化。有些企业为了强调可持续发展，会考核订单出货比率（Book to Bill Ratio），订单与开票的产品数量比大于 1 说明有"后劲"。在这样的指标驱使下，销售部会倾向于接受客户提出的各种要求，比如不承担样品开发的成本等。有时销售部在签完合同后，甚至在最后交付后，都不清楚某个项目或产品到底耗用了多少开发成本。这个信息设计部最清楚，它知道企业每年会有上千万元的样品开发成本，包括工制具的开发费用、模具的订购费用等。

那么，如何让这两个部门进行信息共享呢？这就需要财务部不仅要对量产的产品建立标准成本，还要对处于样品研发阶段的产品也建立标准成本，这样就可以将开发成本核算到具体的产品上了，这个信息可以帮助销售部更好地与客户谈价。

从上面这一系列的案例，我们可以看到财务部是如何通过透明的成本信息打破组织之间的分工壁垒的，其中的管理思路就是以总制程成本来协调相互矛盾的 KPI，或者说以总经理视角来重新梳理工作流程。

下面介绍一个将 KPI 矛盾进一步消化的实操方法——KBI 作业因子管控法。KPI 管控的是结果，而 KBI，即关键行为指标（Key Behavior Indicator），管控的却是因子——具体的前端操作。也就是说，企业的成本想要有本质上的改善，就一定要做出具体操作上的行为改变。

下面这张总结表是我为本书归纳的常见作业因子控制清单（见表 4-5），其中的每一个案例都是从 KPI 问题出发，通过分析关键参数找到协作部门，最后在操作上进行调整和改善。

表 4-5　常见作业因子控制清单

KPI 问题	成本驱动抓手	合作部门	作业因子改变	组织潜力
产品周转天数多	瓶颈工位工时效率分析	工程 + 生产	调试机器高度，减少作业时间	精益项目
退货率高	分析 RMA 退货代码	销售 + 设计	重新定义批量标准	产品标准
人工成本高	返工工时比率异常	生产 + 品质	每天清理堆积的品质待检品	工作纪律
材料费率高	BOM 用量差异对比	生产 + 采购	挥发性胶水改用小包装的	外部协作
折旧费率高	机器利用率低	生产 + 人事	开机预热人员提前上班	人事政策

1）案例 1：KPI 问题是产品周转天数（Cycle Time）多，即超出标准。财务部可以查看整个制程的 A、B、C、D、E 工位各自的工时效率报告（工时效率就是有效产出工时与投入工时之比），比如 A 工位投入了 100 个人，一天工作 7 小时，则投入工时为 700 小时；如果当天产出 500 个半成品，这个工位加工的标准工时为每个 1 小时，那么这一天有 500 个小时是带来有效产出的，该工位的工时效率就是 500÷700=71.43%。假设经过计算后，五个工位中 A 工位的工时效率最低，那就可以组织相关部门进行讨论，经过讨论发现工人取料与放料环节是瓶颈，我们就可以对其再做进一步的分析与拆解，发现如果将送料的机器高度提高 20 厘米，就可以减少一半的上下料操作时间。这个基于工程部与生产部一起合作的作业因子改变，可以将瓶颈工位的 KPI 问题从 KBI 上找到根因并有效解决。

2）案例 2：KPI 问题是退货率高。财务部可以通过分析 RMA 退货代码，在"换货原因""项目原因""返工原因""外观原因"这几类中找到最近的退货原因。比如退货前的分拣都是先按外观来甄别的，经过进一步分析，发现真正需要重检的退货只是极少部分，追根溯源，原来是每次发货的批量（Lot Size）太大，同一个批号的量是10万片，而客户退货是按批号退的，所以销售部可以与设计部一起重新定义批量标准——每生产1万片为一个批号，这样可以极大地降低退货数量。这个举措属于销售部门与设计部门共同推动的批量标准改变。

3）案例3：KPI问题是每片成本中的人工成本高。财务部在工时效率异常比例报告中，发现某个新产品的返工工时比率异常，于是就联合生产部与品质部一起做专题研究，最后找到症结：堆积的待检品放置时间太长，如果每天及时清理，就可以及时发现问题，可以免去不必要的返工。这里的作业因子改变不是制定一个新操作规范，而是重申一个既定的操作规范。

4）案例4：KPI问题是材料费率高。财务部通过BOM用量差异分析报告，发现某一种胶水的使用量只占采购量的25%，再做进一步调查，发现胶水一经打开会很快挥发，于是协同采购部让供应商改成小包装，这个作业因子引发的是外部供应商的改变。

5）案例5：KPI问题是折旧费率高。财务部从机器利用率的OEE报告中看到电热炉成了瓶颈，再与一线业务人员仔细分析，发现每天上班要预热40分钟才能投产进料，于是就会同人事部定出一个有针对性的规定：开机的工人不坐班车上班，每天提前1小时到岗开机预热，同时给予该工人每月500元的交通补贴以弥补坐不上班车带来的不便。

上面一系列案例告诉我们，所有KPI上常见的料、工、费问题，最后都可以通过最前端的作业因子的改变而得到改善，从设计端的批量标准到供应端的包装大小修改，甚至到个别岗位员工的上班时间调整，所有这些措施实质上都是内部各种资源要素的整合，而财务部会通过建立一系列成本驱动抓手作为关键指标来发现问题的症结，再协同各个部门找到解决方案。

　　需要指出的是，上述五个案例分别对应不同的组织内部整合潜力，有人事政策的调整，有工作纪律的重申，有产品标准的重新定义，有通过精益项目做出的改善，还有与供应商的外部协作。由此可见，有资源要素的地方就存在整合的机会，有整合就有财务部介入的机会。

　　财务部的介入，对于管理会计来说，就是将 KPI 下沉到业务指标的细化分析中去，比如瓶颈工位的确定、退货代码分析、BOM 用量异常分析、机器利用率分析等。这也就是所谓的"业财融合"，其核心一定在这些与财务数据息息相关的业务表现参数上。

金句	分工不是恶，不做整合却是一宗罪。

19

向外整合
财务部如何从强势的甲方那里讨得便宜

上一节我们介绍了资源的向内整合，这一节我们要探讨的是资源的另一种整合——向外整合。

做整合，有时不一定是为了找到机会，而可能是为了降低或者避免外部损失。特别是对大公司来说，整合的意义可能更加重大。有些大公司看似实力强，却还是会出现输给小公司的情况，比如在谈判时，大公司以为靠自己的实力能够将小公司玩弄于股掌之间，其实却未必。因为大公司有一个通病，就是信息不整合，无法做到"力出一孔"，而这就给了小公司还击的机会。

下面来看一个具体的案例。有一家大型制造业公司分工很细，比如在采购部就有人专门做资源定位的战略采购（Sourcing），还有人专门做下订单采购的业务采购（Buyer）。

老张隶属战略采购小组，负责与供应商谈判。某天老张带着自己的团队到一家私人企业进行年度降价谈判。老张刚说明来意，对方的老板就拿出资料给他看，还对他说："你们公司是一家伟大的公司，却不是一个好客户。你看你们的付款有多糟糕，说好 60 天付款，可几乎每一次都逾期，而且不是 5 天、10 天的逾期，你们常常一拖就是 30 天、40 天。"

说到这里，老板又翻开一张银行流水单，告诉老张："你看，这笔货款按合同 90 天前就该给我们了，却一直拖延到上周才支付。我们是小企业，资金周转不过来只能找朋友拆借，利息至少是 1 分，你们拖 3 个月，就等于让我们多了 3% 的成本。你们还要来谈降价，我不加价就已经算是便宜你们了。"

看到老板拿出的"证据"，老张与他的团队成员不禁面面相觑，降价的事也只能暂时搁置了。

然而，真实的情况是什么样的呢？其实老张所在的公司一直能够做到按时付款，财务部会在每月 20 日集中付款，有时甚至会提前几天付款。至于那位老板提出的逾期 90 天付款的情形只是一个特例，而且问题也出在供应商那里，是因为供应商填错了发票上的订单信息，被财务部退票，才会出现这么长的逾期。但老张对此却一无所知，导致谈判失败，这就是信息不对称形成的对自己不利的博弈成本。

上述这种谈判情形在大公司里很常见，由于采购、财务、品质分归不同的部门管理，由不同的人负责，信息难以共享。而对方是小公司，其创始人往往既做销售，又盯着资金，相当于半个财务负责人。所以，这场谈判从一开始就是信息不对等的博弈——大公司对小公司是单面对多面，尽管大公司派出了一个团队，但从信息层面来看，他们只属于采购部，而且只是采购部中负责谈判的战略采购小组，像对方开错票造成逾期付款这类信息，却只有财务部知道，以这种信息不整合的方式与人家谈判，失败就是很正常的事情了。

　　我以前做过采购，每次去工厂谈判时，都会从财务部那里将关于这家供应商的付款信息摘录出来，做成类似下面这样的数据图（见图4-3），算出一个全年加权平均逾期天数。有了这张图，对方就不可能再用"以偏概全"的手段蒙混过关了。

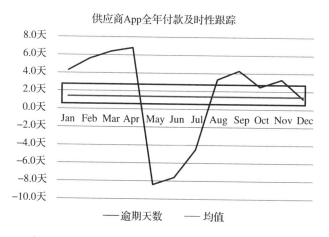

❖ 月度记录以准备正确的第一手数据
❖ 用作采购谈判的备选子弹

图4-3　供应商年度付款跟踪图

　　我后来在做财务总监时，对这方面的问题也很重视，会要求财务部向采购部主动提供重点供应商年度付款跟踪图，以便让采购部在对外谈判时拥有信息主动权。作为掌握公司最多信息的部门，财务部理应担当这种信息整合者的角色。

　　至于组织，如果不向外整合，就会有无法避免的损失，那么，财务部如何改变这种局面呢？这里与大家分享一下"最佳实践交流"的管理思维。

一家企业因为存在不同维度的效率标准，会出现分工之后横向与纵向的矛盾。比如采购部与销售部都是按各自的职能做纵向分工的，它们之间很少有横向交流。而财务部每天都在审核采购销售合同，每天都在整理各种发货退货报告、价差分析报告以及进行自制与外购的平衡分析。财务部将这些信息加以整合后，就可以发起一个销售部与采购部的最佳实践分享会。

下面就是我组织过的分享会清单的内容，包括 5 个有代表性的例子。

▶ 季度降价时点的拉货

▶ 早付折扣的使用

▶ 补偿问题

▶ 免费项

▶ 寄售仓的建立

1）季度降价时点的拉货。这是财务部最早发现的一个怪异现象，我以前的公司在每个季度最后一个月的 15 日会按客户的协议要求执行下一季度的新单价，由于产品一般都是降价的，在供应端我们也会做类似的降价，但是会在 25 日生效。从财务部掌握的数据来看，每个季度最后一个月的 12 ~ 14 日的日销量几乎为 0，但一过 15 日 0 时，销量就会猛增。与此同时，在采购端，每个季度最后一个月的 20 ~ 25 日供应商会不断地将货送到我们的仓库，仓库因为放不下会敦促生产部尽早领料。一旦领料，供应商就可以以领料日的价格给我们开票了。

当财务部将这个不对称的操作摆上台面时，销售部与采购部的负责人都惊叹道："我们这是里外两头吃亏啊。"首先，我们为什么不统一在同一天降价呢？客户既然这么精明，要提前 15 天执行降价后的新价格，那么，作为同一条价值链上的"玩家"，我们为何要同意供应商将 25 日作为新价格的切换点呢？

其次，供应商为何在降价日前几天拼命送货，而我们还是那么老实地让生产部尽早领料呢？我们何不学学客户，在降价日前的几天尽量把安全库存消化掉，尽量少拉供应商送来的货，等过了切换日的 0 时，再大量拉货补仓。

上面这些问题的答案就是业内最佳实践，我们可以通过销售部与采购部进行整合，再形成自己的最佳实践。

2）早付折扣的使用。我们的销售部曾收到客户的早付折扣提议："要不要早收 30 天款，但给我 2% 的价格让利？"这可真是"狮子大开口"，30 天 2% 的让利，相当于 24% 的年化收益，我们的净利才只有 10%，当然不能轻易答应这种提议。不过，我们也从这个提议中获得了一些启发，后来在利润有缺口的关头，我们也会向供应商抛出这样的"橄榄枝"，有些供应商还真的接受了提议。当然从实操角度来看，这一方法在过年前使用效果最好，因为过年前很多中小企业资金吃紧，很难拒绝这样的提议。

3）补偿问题。为何采购部会在一个订单达不到某个量时同意承担供应商 50% 的模具费呢？原来在季度降价谈判时，对方会以损失过大为由要求补偿做平衡，采购部觉得已经获得了理想的降价结果，就会同意这个金额小得多的要求。答案不言而明，以后销售部在面临客户降价要求时也可以提出这样的补偿条件来还价。

4）免费项。如果客户要求我们提供千分之一的免费样品，我们不妨也要求供应商提供同样的免费样品。

5）寄售仓的建立。客户要求我们在它的仓库设供应商管理的库存（Vendor Managed Inventory，VMI），建立寄售仓，在这种货仓中，货送到客户仓库时还是供应商的货，客户拉料时才算货权交割。这种便利又不用承担风险的做法，完全可以用在我们自己的供应商一端。

以上这一系列最佳实践其实就是向外挖掘潜力的资源整合。在向外整合时，上下游对应的分别是供销两端的供应商与客户，与供应商之间，由于我们是甲方，整合难度较低；在面对下游的客户时，想要落实上面的最佳实践也是有挑战性的。

为了降低向外整合的难度，这里介绍一个"谈判清单数字化"工具，它可以助力销售部的对外谈判。

该工具的实际应用见表 4-6，分别对应开发成本、沉没成本、仓储成本这三种谈判情形。

表 4-6　谈判清单

相关成本	销售谈判目标	财务数据支持	具体场景
开发成本	客户承担小样开发成本	小样标准成本	客户强势
沉没成本	客户不再强制使用高维护成本的进口设备	作业成本	客户任性
仓储成本	寄售仓的货控制在 5 天的用量	实时存货报告	客户管理不善

1）开发成本。在产品设计共创阶段，为了完善设计，客户会一遍一遍地让我们做小样试生产。这种小样投入也是料、工、费齐全的投入，资源的消耗与量产是一样的，只是因为量小，客户一般会拒绝付费。我以前做业务时，曾经在这方面经历过无数次艰难的谈判。我的一条经验是，不要让谈判进入付与不付、承担与不承担的死局。后来，我在哈佛商学院的谈判课上学到了一条更细的操作原则：不谈立场谈利益，即要将谈判化解为可量化、可松动的数字讨论。

就像这个客户坚持不承担开发成本的案例，我就要求设计部在小量投产前必须设好标准成本相关的用量参数，这样就可以抓取到相对准确的投入成本。然后将这组数据传递给销售部，以销售收入的百分比呈现。比如某个产品一年做了 500 万元的业务，小样开发成本一共 10 万元，这个 2% 的比例就可以成为销售部谈判时的一个讨价还价的筹码——客户要求降价 5%，我们只能接受 3%，如此讨价还价，迫使客户最后答应承担一半的小样开发成本。至此，客户坚决不承担开发成本的立场就被我们打破了。这也提醒我们，立场是无法交易的，但把它转换成可切割的利益份额时，就有商量的余地了。财务部对业务部门的支持，就是通过这种数据将立场变成可兑换的筹码。

2）沉没成本。有时客户为了确保自己制程的稳定性，会对上游企业的产品制定严苛的标准。我以前就遇到过客户强制要求我们购买某个型号的进口设备的情况，这些进口设备不仅折旧成本高，维护费也非常高。

那么该如何破局呢？同样也是用数据说话，我们可以引入作业成本法，在每次购买配件时，都要求请购部门填上客户项目代号，这样从一开始就可以将相应的配件成本关联到具体的项目上，最后可以在谈判桌上用透明的数据告诉客户，如果选用进口设备，每片会多出 5 分钱的成本，而我们已经让了 5 分钱的利，没有余地再做让步了。数据的作用就是告诉对方，将基本配置升级成豪华配置，其实没有实质性的好处，而且总有一方要为资源的过度使用"买单"。

3）仓储成本。客户内部管理出现问题，会导致在寄售仓的货越堆越多。按照合同规定，供货方应给客户在其仓库铺 5 天用量的货做周转，但是由于客户的计划部、采购部与生产部信息不同步，导致出现了问题。明明生产部无法正常拉货生产，计划部却没有同步这个信息，还在让上游供货方不断送货。

此时供货方的财务部该怎么处理呢？财务部可以通过一个每天跟踪的库存当量（Inventory Range）报告，将库存以消耗周期为单位，显示成直观的库存天数。合同规定是 5 天，到 5 天时就要通过自己的销售部向对方采购部发出预警，通过对方的内部反馈及时"踩刹车"。

这个案例也让我们看到了另一类整合问题：客户并没有要故意"占便宜"，但是由于其自身的内部协调问题，客观上造成了供货方的交易成本。这时供货方财务部的透明数据就可以起到及时传导的作用，可以通过提升客户的管理水平，从源头上降低自己的服务成本。

在上面三个例子中，不管客户是强势、任性还是管理不善，财务部都可以通过数据帮助销售部，最后当然也能帮公司避免不必要的成本。

好的管理会计，就是能够像这样用交易数据（如样品开发成本占销售收入的比例、昂贵设备的使用成本等），让客户掂量每个要求背后的附加成本，从而能够给销售部提供一些谈判筹码，将一场难谈的立场谈判转变成可交换的利益谈判。

金句 ｜ 让财务数据成为可兑换的博弈筹码。

20

供应链管理
供应链的博弈是否总是零和博弈

上一节我们讲到了向外整合的问题，而供应链管理也是一种向外整合。

整合的本质是提升资源的效用，在此，我借用经济学家薛兆丰老师的两个案例，来展示一下资源的效用问题。

1）案例 1：过去的火车是烧煤的，在行驶时会喷出火星。某天一列火车驶过一块农田时，喷出的火星烧掉了农夫堆放的亚麻。农夫告上法庭，要求火车公司赔偿损失。如果你是法官，你会怎么判？

2）案例 2：有两块相邻的地，一块养牛，一块种小麦。如果牛冲出了栅栏，跑到相邻的小麦地里吃小麦，种小麦的农户找到法庭，要求养牛的人赔偿自己的损失。如果你是法官，你会怎么判？

不同的法官可能会做出不同的判罚，比如在案例 1 中，有的法官会要求火车公司赔偿农夫的损失，有的法官却只会让农夫换个地方堆放亚麻；对于案例 2，法官可能会让养牛的人将卖掉牛得到的收入分一部分给种小麦的农户。

做出什么样的判罚，取决于法官是从局部还是从整体来看待问题。如果从局部来看，火车造成了他人的损失，火车公司理应做出赔偿；但从整体来看，则要根据双方的总得失来进行衡量，要看让哪一方让步造成的损失最小，或者说成全哪一方可以获得对双方而言最大的收益。

如果将火车公司与农夫，或是养牛人与种小麦的农户，都看作小小的供应链。这种总得失所计算的就是供应链成本。

在此我们不妨做这样一个假设：如果火车公司与农夫背后是同一个股东，养牛的人与种小麦的农户背后是同一个庄园主，股东和庄园主又会做出怎样的选择？这同一个股东、同一个庄园主，可以被称为"链主"，也就是供应链总成本或总收益的承担者。

对于案例 1，从链主的角度来看，想要避免亚麻被火车喷出的火星点着，无非有两个选择，要么是火车改道，要么是农夫换个地方堆放亚麻，很显然链主会选择后者，因为后者能够让意外成本发生的可能性更低，而让火车改道则会让成本大到难以想象。

对于案例 2，从链主的角度来看，让不让牛吃小麦，就要看哪种情况的整体收益更高。如果吃掉的小麦价值为 1 000 元，但是最后卖牛多获得的收入远远高于这 1 000 元，那就应该允许牛去吃小麦；如果小麦的品质特别好，吃了小麦后牛可以多卖 2 000 元，那就可以让养牛人和种小麦的农户商量出一个介于 1 000 ～ 2 000 元之间的价格——养牛人按这个价格支付给种小麦的农户一笔钱，这会比禁止牛吃小麦对双方更有利。

这两个案例分别代表了两种情况，案例 1 讲的是如何避免损失，对应于本节要讲的供应链成本最小化；案例 2 讲的是如何将收益最大化，对应于供应链收益最大化。

链主的视角还可以继续放大，这样就能看到一些趋势性的变化，能够分清什么是暂时现象，什么又是必然发生的趋势。以汽车为例，从设计到生产再到销售，是一条超级长的供应链，近年来，这条供应链正在发生巨大的变革。

这个变革要回溯到 100 多年前关于汽车动力的两种工艺路线的争论。19 世纪末，汽车刚刚诞生时，汽车的动力有电能与化学能两种，事实上使用电能的电动车比使用化学能的燃油车出现得更早，只是因为成本的原因电动车被放弃了，这才成就了现在的燃油车。

从供应链的角度来看，到底哪一条供应链能够成为未来的主流范式，判断的着眼点应是整条供应链的成本。用一个统一可量化的标准来讲，就是行驶百公里的能源成本，以前是燃油的成本更低，即便它的污染更大，但因为电动车的成本比燃油车高出太多，所以电动车这条供应链就被放弃了。

现在这条供应链又被重新启动了，因为以特斯拉为代表的电动车通过技术的突破和生产效率的大幅提升，让成本不断降低，市场竞争力不断提升，所以电动车取代燃油车将是一个必然的趋势。

综上所述，从供应链视角来看，需要回答的是这样一个问题：一条完整的供应链，有没有在资源整合上做到极致？

当然，汽车产业的供应链，可能会让大家觉得太过宏大，下面我就讲讲自己亲身经历过的具体案例。

我曾主导过一个生产力项目，其中的一个案例涉及生产企业、物流公司和客户几方，我将交易的流程画成下面这张简图（见图 4-4）。

整改前：供应商与回收商得利，最终消费者受损失

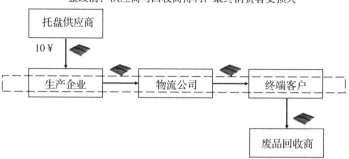

整改后：供应链三赢，挽回价值链损失，为消费者贡献低成本福利

图 4-4　交易流程简图

图 4-4 的上半部分是供应链整合前的情形。生产企业从供应商那里以 10 元一个的单价购买托盘，在完成成品生产后，将成品放在托盘上交由物流公司运到终端客户那里，在客户将货物传送到自己的车间工作台后，托盘便失去了作用。由于托盘体积较大，客户会定期将托盘作为废品卖给回收商，卖废品的所得低到可以忽略不计。就这样，每周都有成千上万个托盘从供应商处流转到生产企业，经过运输、卸料、使用后的堆放，再到变卖，周而复始，一年下来沉淀了可观的托盘成本。

后来我们在生产力项目上，专门研究如何降低托盘成本。有人提出了一个将成本锐减一半以上的方案：生产企业委托物流公司从终端客户那里回收托盘，生产企业以每个 2 元的价格付费给物流公司（托盘运回会产生每个 0.5 元的运费），这样生产企业虽然在单个托盘上将成本从 10 元提高到了 12 元，但由于托盘可以多次回收使用，使得

采购量下降了 80%，一年可以节省几百万元的托盘成本；至于物流公司，则多了一个生财的机会；客户也因为废品被及时拉走，获得了大量的库存周转空间。

也许你会问，这样供应商不会有损失吗？的确如此，但是从供应链的角度来看，这个新的实践通过减少资源消耗的方式给下游提供了价值。反过来讲，如果供应商的盈利模式是基于资源浪费的方式而存在的，那么这个业务模式的可持续性本身就是有问题的。

通过这个案例，我们可以看到供应链的整合价值，其关键思路是以链主的视角来看待整体交易。具体如何去看呢？下面介绍一个实操工具——机会收益成本比较法。

将整条供应链的成本摊开来，当机会收益大于机会成本时，就会创造出有价值的供应链整合；反之，就是一种无效整合。

请看下面这张案例汇总表，其中的每个案例都有解决方案以及背后的价值逻辑（见表 4-7）。

表 4-7　解决方案及价值逻辑

案例	方案	价值逻辑
案例 1	保险费由甲方承担	让规模成本更低的一方买单
案例 2	扩大单笔订单数量	能降低浪费的整合就会带来获利空间
案例 3	供应链金融	利用闲置的资金

1）案例 1，保险费由甲方承担。该案例是我十几年前主导一个基建招标项目时碰到的。在核算每份标书后，我们并不是将项目直接发包给报价最低的那家，而是在此基础上审核有没有进一步降价的空间。审核到最后，我们发现中标公司的报价明细中列出了 50 万元的保险费，而其他几家的保险费只有 20 万元，进一步分析，我们又发现这家中标的公司因为资产规模不够大，使得保险费费率比较高。于是，我

们想到了一个方法——将保险费从对方的报价中去掉，改由我们甲方自己来投保。由于我们公司是在全球范围内都购买保险的，可以以全球资产作为计算保险费的基准。同样的工程安装一切险，我们自己买，保险费只有 5 万元。这个案例的机会成本是多付的 5 万元保险费，机会收益是总造价上节约了 50 万元，从 50 万元到 5 万元，这一项就省了 45 万元。在平时的采购合同中，习惯"快思考"的业务部门常常会不假思索地认为保险费得由负责建造的乙方承担，但从供应链的角度来思考，乙方多付的成本最后都会加到甲方头上。幸好财务部及时进行了"慢思考"，让问题得到了圆满的解决。这个案例背后的价值逻辑是：让规模成本更低的一方买单，可以降低交易的总成本。

2）案例 2，扩大单笔订单数量。该案例是我早期做业务时遇到的。我所在的进出口公司介于厂家与外商之间，外商为了减少在新泽西的仓储成本，会控制订单数量。有一次做一单涂层衬衣，用到了一种很贵的涂层化学品，这种化学品在调试合成后，一次可以做 1 万件衬衣，但客户却只下了 5 000 件的订单。当我了解到客户 2 个月后会再下 5 000 件订单时，就做了一个整体测算：客户一次下 1 万件订单，客户的海外仓储成本会从每件 1 元增加到 2 元，但订单数量翻倍后，工厂的印染成本会从每件 10 元降至 5 元，这样每件的供应链总成本就下降了 4 元。这节约的 4 元 / 件的成本可以由客户、进出口公司与工厂三家分享。工厂每件成本省了 5 元，可以给进出口公司每件降价 4 元，自己净得益 1 元；进出口公司可以从工厂每件降价的 4 元中让利 2 元给客户，这样客户抵掉 1 元的额外仓储成本后，还可以每件多赚 1 元。这个案例的机会成本是因订单增加而多支付的每件 1 元的仓储成本，机会收益是工厂端每件 5 元的生产成本下降。这个前后端的供应链整合，其背后的价值逻辑是：能有效降低浪费的整合就会带来获利空间。

3）案例 3，供应链金融。这个案例取材于与供应商进行的一次艰难的谈判。当时双方因为每件产品 2 元的价格差异无法达成一致，我们在做最后一次价格核算时，发现供应商的报价清单里有一项每件产品 6 元的利息成本。原来对方因为规模小，无法在银行融资，为了做我们的项目，老板从他的私人圈子里以 12% 的利息拆借了资金来购买原材料。于是我们想出了一个方案：由我们与供应商和银行一起签三方协议，将我们公司还未用完的授信额度让渡给供应商使用，并以我们的应付款作为质押。这样银行既不用承担风险，还额外多做了一笔业务。我们也没有损失什么，因为没有使用的额度不用也是白白浪费，而且我们的应付款本身就是要付给供应商的，只不过本来要 2 个月后才支付的款项，现在早付了 2 个月而已。供应商则可以省掉一半的银行借款利息——利息成本从每件产品 6 元变成了每件产品 3 元。这样本来无法成交的拉锯式谈判，不但成交了，最后还省下了每件产品 1 元的利息成本，我们每件产品分得了 0.5 元。也就是说，这个三方协议促成了一个三赢的成交方案。这个案例的机会成本是 0，而机会收益则是每件产品 0.5 元的降价。当然，更大的收益是将一桩本来做不成的业务做成了。这个案例背后的价值逻辑是：利用闲置的资金做无本万利的好生意。

综合来看，这三个案例的机会收益都大于各自的机会成本，背后也都有各自的价值逻辑作为支撑。我们也可以从中悟出这样的道理：供应链的博弈并不总是一个零和游戏，我们完全可以通过供应链管理走向协作共赢。

金句 | 整体可以大于局部之和。

21

组织效能

职责和职位的区别是什么

前几节谈到的整合资源相对还比较"实"。对向内整合、向外整合（及供应链管理）的讨论，都是针对具体的业务场景展开的，比如把生产与采购整合在一起，确保所采购的材料是以含损耗的净用料单价做比照依据的；再如把销售与采购整合在一起，进行季度降价时点拉货之类的最佳实践分享；又如供应链管理中站在整体的角度降低供应链成本等。这些内容都很具体实在，有很多案例。

组织效能相对而言比较"虚"，因为它并不针对某一类具体的业务场景，而是要从整体上把握一个组织的效能，它应对的是长期的、隐性的、巨大的组织成本。

想要提升组织效能，我们需要先厘清一对变量——"职责"与"职位"。不妨先思考这样一个问题：职责和职位的区别是什么？

很多公司并不区分职责与职位，特别是达到一定规模的公司更是如此。这里所说的"一定规模的公司"，并不是指有成千上万人的公司。事实上，即使是只有 100 名员工的公司，只要有明确的分工，就会产生一系列的职位，比如招聘、培训、行政等。有的公司还会将招聘细分为专门招聘工人的职位与专门招聘办公室人员的职位，这两种职位是完全分开的。

上面所讲的招聘、培训、行政都是职责，从理论上讲，只有当一个员工的工作时间 100% 地用在工作职责说明书上的事时，其职责才会等于职位，但实际上并不存在这种 100% 投入的情形。比如很多公司负责招聘的员工，并不是每天都有招聘任务，即使该员工需要为下一次招聘做市场调研，也不需要把所有时间都投入其中。

有时公司越大，职位的冗余度越高，会造成利润不达标的问题，最终需要财务部做出解释。

那么，如何才能避免职责被职位"绑架"呢？这里介绍一个成功案例。

我的一位企业家朋友老方是一家窗帘厂的老板。窗帘行业是低技术含量的行业，老方的同行只能挣 2%～3% 的利润，一不小心还要亏本。老方却能够保证每年 10% 的净利润，而且他给工人开出的工资也比其他厂家高出 30%。那么，老方是如何做到的呢？

老方文化程度不高，也没去商学院进修过。他靠着自己摸索，找到了一套虽然原始却很实用的方法，用四个字概括就是"搞定任务"。

他的工厂里办公室人员特别少，而且组织结构非常简单，只有一个组——后勤组。在老方看来，凡是与生产产出没有直接关联的部门都属于后勤组。他工厂后勤组里的 20 名员工并没有明确的职位，而是按照具体的任务进行机动组合。用老方的话讲，就是"有事就干，干完就散"。比如要完成招聘任务，就从这 20 个人中抽调 5 个人，这

5 个人不但要负责招聘，还要负责对新员工进行入职培训，然后要做好必要的记录并存档。这一系列的工作结束后，这 5 个人就会立刻转变角色，去完成别的任务。

也正是因为这样，老方的后勤组不设专门的人事部，更不会细分什么招聘、培训。虽然这 20 名后勤组人员的平均工资是工人的两倍多，但他们却做了同样规模的工厂 50 个岗位的事情。

在车间里，情况也是一样，老方不会刻意区分领料员、操作员、检验员、统计员这些职位，而是让工人自由组合，再用"345 法则"激励他们，让他们自己想办法解决问题。所谓"345 法则"，就是 3 个人干 5 个人的活，拿 4 个人的工资，这样每个人可以多挣 30% 左右的工资。在这个政策的激励下，工人会自发整合不必要的职位，每个人都会主动进行多技能学习，不会因为检验员请假就找借口消极怠工。

所以，老方的"搞定任务"不仅节省了人员开支，还提升了组织效能。老方自豪地说："人家从投料到出货需要 30 天，我只要 15 天。同样是一个月，我雇用相同的人，动用相同的设备，做到了销售额翻倍。"

老方是实践家，讲不出深奥的道理，但他的"搞定任务"与正在欧美风行的"青色组织"有异曲同工之妙。青色组织的中国区推广者何义情老师讲到过组织的自生长现象。

组织其实就像自然界的生物一样会自生长。比如一家公司成立了一个新的机构，叫集团采购部，最初的用意是不错的，是为了统一全球工厂的大宗物资采购——以集团的名义去采购会获得更好的议价能力。但是这个部门一旦成立，就会自生长，比如部门经理是不会每件事都亲力亲为的，他会招聘一些人员来帮助自己，如小王管直接材料，小李管间接材料，老张管 IT 耗材等。

　　这还只是人员方面的"自生长"，实际情况往往会更加复杂，比如这个部门的人员为了证明自己的价值，每年都会飞到全球的各个工厂去指导工作、搜集信息，由此造成了费用的大幅增长。酒店住宿费是一部分，另外，为了更好地达成总部与子公司（工厂）的合作，当地的团队会安排招待活动，由此也会产生不少费用。

　　我以前在地方工厂做财务总监的时候，就经常遇到这种情况。我们不但要陪同总部人员开会，带他们参观车间，还要准备完成他们临时布置的一些工作任务。比如负责"进出口合规性"的总部人员指出子公司资产负债表上的存货金额要与给海关的年报上的一致，这其实是一种不靠谱儿的指令，但我们却不能拒绝，只能去找 IT 开发人员做两套不同的报告系统，然后花大量时间写邮件向他们汇报任务进度。

　　后来我有机会去总部工作时才知道，原来这些报告并不是 COO 会议上要讨论的工作内容，而是这条线上的那些负责人自己"创造"的，是他们为了刷自己的"存在感"，凭空想出的一堆任务。用何老师的话讲，这些人就是组织中的"伪工作者"。

　　事实上，不只是大企业有不少"伪工作者"，小企业也同样如此，只是表现不同而已。之所以会存在这种现象，是因为组织内部有无法避免的代理成本。在股东委托职业经理人、上司委托下属时，都存在代理成本，特别是被委托者在掌握更多的场景信息后，就可以利用"信息不对称"做出种种让个人利益最大化的事情。

　　比如上面提到的集团采购部，这个部门明明只需要 2 个人，部门负责人却说要 4 个人，还像模像样地做出一张采购节约与人员申请对照表。但我们仔细分析，却发现所谓的采购节约的比较基数完全是虚构的。因为负责人可以让供应商在第一轮报价中将价格从 10 元提到

12 元，最后以 9 元成交，于是本来只有 1 元的谈判节约变成了 3 元，但想要搞清这些细节就会花费巨大的成本。

代理成本的存在，让一件 10 个人能完成的事变成了需要 15 个人才能完成的事，也让一件花 1 万元就能搞定的事，变成花 2 万元才能搞定的事……所有这些都是组织低效的隐性成本，最后都会反映在利润表中的费用里。

那么，我们如何减少组织的低效成本呢？下面给大家推荐一个工具——ATM 打分表。

前面讲的问题是企业在运作过程中慢慢沉淀下来的，想要发现这些问题，我们就要对组织做定期的"瘦身体检"，而 ATM 打分表就能起到这样的作用。下面我将结合应收会计职位的工作，给大家具体介绍一下 ATM 打分表（见表 4-8）的用法。

表 4-8　应收会计 ATM 打分表

Activity（作业）	Time（时间）	Merits（价值系数）
核对价格差异	20%	3
销售结算开票	18%	2
填写内部报表	15%	2
寄售仓库存盘点	15%	3
整理票据记账	10%	2
销售费用报销	15%	1
销售合同审核	2%	4
编制分析报告	5%	5
加权平均价值系数		2.4

ATM 的 A 是 Activity 的缩写，指的是这个职位的各项作业，比如核对价格差异、销售结算开票等。

T 是 Time 的缩写，指的是该员工在各项作业上所耗费时间的百分比，比如这个员工经过盘点，发现有 20% 的时间用在核对价格差异上，有 18% 的时间用在开票上，等等。

可能有人会问，这个 18% 是怎么来的？我们可以以一周的时间为范围进行统计，比如在一周内，这名员工正常上班、加班的时间合计是 50 个小时，如果有 9 个小时花在开票上，那么算出来的时间百分比就是 18%。

M 是 Merits 的缩写，代表价值系数，如果某项作业与该职位的核心功能关联度最高，就可以评为五星级，即打 5 分。比如核对价格差异是应收会计必要的工作，但不是非做不可，如果做好了前期的沟通是有机会避免的，所以可以对这一项打 3 分。再如编制分析报告，这是最有价值的输出，是一项五星级的作业，可以打 5 分，但是这名员工只用了 5% 的时间来做这件事……按照这样的办法，我们对每一项作业都打完分之后，就可以按价值系数权重算出加权平均价值系数，比如这个员工当下的价值系数得分是 2.4 分，对应于满分 5 分，就是一个不及格的分数。

从 ATM 打分表出发，我们还可以做"聚焦分析"，看看有哪些工作是价值系数不高但又花费了很多时间的。

同样以这名应收会计的打分表为例，填写内部报表占据了他 15% 的时间，却只是一项二星级的作业（打 2 分），显然这是一个需要重点关注的方面。我们可以对其做进一步的拆解，并可列出明细项目（见表 4-9）。

表 4-9　打分表明细项目

内部报表	需求部门
开票与出货对照表	计划部
每日回款明细表	总经办
A 事业部销售报表	A 事业部
华东区销售报表	华东区
成品周转率报表	总部财务

表 4-9 这张打分表明细项目清单中存在重叠情况，比如表中的销售报表，有的部门强调产品属性，有的坚持要按地区列示，其实我们完全可以做一份全面的报表放在内网上，让各部门自己去跟踪数据。

再如总部财务需要的成品周转率报表，其中有太多的产品明细，不一定都是对方真正想要调用的信息。这种情况也是组织中经常会出现的，有时组织架构变动一下，就会产生一堆新的报表需求；有时只是换一个领导，他也会从自己特别的管理视角，要求我们再特制一些报表，但实际上他并不真的需要了解这么细致的数据。

我在这里只是拿财务部的职位举例，事实上每个部门都存在这样的问题，使得我们的报告一直都是在做加法，很少有人去做减法，而这个 ATM 打分表就是帮部门、组织做减法的，能够将低效甚至无效的操作清理出去。

这也提醒我们，针对每个职能部门都存在的组织效能问题，我们可以通过价值系数打分，聚焦高时间配置低价值系数的作业，从这些作业入手，该减的减，该合并的合并，甚至可以通过部门自己的职责澄清，从源头上彻底清除对组织整体而言毫无价值的作业。

金句 ｜ 整合资源，一定不能忘了由人衍生出的组织关系。

战略财务

22

战略企划

如何知道企业
选择了正确的战略

　　说到"战略"，大家可能会觉得这是一个非常宏大的词，似乎战略可以涵盖一家企业的所有焦点问题，比如定价、竞争优势、品牌、商业模式、组织建设等，这些当然都对，但是像这样笼统地说战略却会抓不住重点。

　　2016 年，我在斯坦福大学参加 CFO 战略训练营，聆听著名的企业战略教授罗伯特·伯格曼授课。当时伯格曼教授对战略给出了一个简洁而精准的定义：战略就是一种选择。的确，资源是有限的，我们还要满足市场的多样化需求，所以一家企业是无法做到大而全的，不可能什么产品都覆盖，什么能力都要有。

　　我们在做沙盘演练时就能够非常直观地看到，如果把当期 100 万元的预算平均投入到市场推广、产品升级、产能提升与渠道促销上，最后的结局难免会以亏本告终。这也是我们在做战略选择时常常会犯的错误：因为难以抉择，所以会倾向于全选或者不选，"全选"就是上面这样的平均投入，"不选"就是维持现状，想要以不变应万变，但这通常是很难做到的。

2003 年，华为内部曾有过激烈的讨论，焦点集中在要不要选择做手机业务，从 2B 端向 2C 端延伸上。事后的成功证明了华为当时做出的是一个正确的选择，但在当时的场景中，这并不是一个容易做的决定，因为之前华为的核心能力在 2B 端，而 2C 的消费品市场对于华为来说是非常陌生的。

如果说华为当时面对的选择是"进与不进"，那么通用电气（GE）每年都要面对的选择就是"退与不退"。在 GE 的传奇年代里，它是一家严格按财务回报进行管理的公司——会将无法排在行业前三的事业部全部剥离卖掉。而富士康和许多给苹果做配套的供应链上的其他企业，面对的选择却是"跟与不跟"，其中有一家胜华科技，曾经是中国台湾地区第二大触控面板厂商，10 年前投资了很大的产能为苹果手机做配套产品，但由于对技术战略判断失误，当 iPhone5 采用更薄的内嵌式触控屏幕技术时，胜华科技所投资的产能一大半"打了水漂"。

上面的例子告诉我们，战略选择是一件举轻若重的事情，有时只是一个极其简单的选择，却能对今后若干年产生深远的影响，甚至会关系到企业的生死存亡。

既然战略选择如此重要，那么到底什么时候该"进"，什么时候该"退"，什么时候该"跟"呢？其实"进、退、跟"都只是表面的结果，没有规律性的特征作为依据，但是有一条原则是可以把握的，那就是一个好的战略一定是基于企业内在禀赋与行业制胜要素的高度匹配而做出的选择。所以在做战略选择时，我们应当着眼于"外部"与"内部"这对（矛盾）变量，从外部条件与内部资源中找到最佳结合点，战略方向才会变得非常清晰。

外部条件，用一个市场战略管理的专业术语来定义，就是行业制胜要素（Key Success Factor）。每个行业都有它的制胜要素，这是由行业的特性决定的。比如我以前所在的内存行业，其行业制胜要素是投资，像一家在投资上谨慎保守的德国公司，最后就在韩国企业面前败下阵来。汽车行业的制胜要素是品质保障，想要进入大车企的供应链很困难，而一旦进入就不大容易被挤出，这要求配套的供应商要狠抓产品制程的稳定性。不过，行业制胜要素会随着消费需求的改变而改变。比如手机行业在手机刚推出的时代注重功能性，所以当时以产品性能取胜的诺基亚手机一度引领市场，但到了 2007 年，这个行业的制胜要素变成了娱乐性，诺基亚的市场地位就被苹果取代了。

以行业制胜要素展现出来的外部条件代表了一种外在客观因素，而内在主观因素就是置身于某个行业的企业的具体选择。企业必须找到自己突出的内在禀赋，而且这种禀赋是与行业制胜要素相匹配的，一旦达成匹配，企业就可以据此打造相应的竞争战略，并可在市场上占得一席之地。

那么，企业的内在禀赋又是什么呢？那就是它与众不同的特长，比如谷歌公司的特长是基于开放式文化打造的员工创造力，德国公司具有的普遍优势是产品质量控制的精准度，中国新兴的互联网企业则擅长商业模式创新。我列了一张汇总表，详细解构了餐饮业、电子制造业和医疗器械业的代表企业是如何实现内外要素的匹配的（见表 5-1）。

表 5-1　三个行业内外要素的匹配

行业	行业制胜要素	企业	企业禀赋优势	内在机制
餐饮业	基于口碑的用户黏性	海底捞	员工发自内心的激情	徒弟红利、父母奖金
电子制造业	基于成本优势的交付	富士康	超大规模工厂管理能力	军事化、规范化
医疗器械业	极低的产品容错率	西门子	稳定的质量控制力	多层控制、复盘文化

1）餐饮业属于高频交易行业，每个人每天都有就餐需求，所以不存在用户"多久才会想起你"的问题，而是要让他"想到的就是你"。比如很多人想起火锅就会想到海底捞，这就是因为海底捞打造了一种特别的用户体验——让普通人也能享受到 VIP 的尊贵服务，以此来制造黏性。很多企业也模仿过海底捞的做法，比如在门口放上板凳，向顾客提供擦皮鞋之类的服务，但效果都不理想。这是因为海底捞有它独特的禀赋优势——员工发自内心的激情。

这个禀赋优势又是如何被打造出来的呢？原来，海底捞是用一系列独特的内在机制来打造自己的服务优势的，比如将员工的部分奖金寄给其在老家的父母；员工培养的徒弟如果当了店长，员工便可以按一定比例获得提成。这些都是为了让员工自愿自主地做好工作而量身定制的内在机制。

内在机制也能帮财务人员厘清思路。比如对于公司的资源分配问题，财务人员会有一个判定标准：凡是用于打造禀赋优势的机制性投入，公司就要优先拨付资源。

2）电子制造业的制胜要素是基于成本优势的交付。以富士康为例，它的禀赋是打造超大规模工厂管理能力，以形成成本优势。富士康的一个工厂动辄以 10 万名员工的体量起步，让竞争对手望而却步。当然，这种超大规模工厂管理能力在给别人制造障碍的同时，也向自己提出了挑战，所以富士康才会以军事化、规范化的要求深耕内在机制。它的工厂保安甚至会拿着指挥棒指挥在厂区内乱走的员工，它有精确到以秒为单位的标准操作规范，这些都是高度军事化、规范化的内在机制的体现。

3）医疗器械业的制胜要素是极低的产品容错率，以德国西门子公司为例，它有一个事业部是做医疗器械的，稳定的质量控制力是它的专长。那么，西门子又是如何做到这一点的呢？

西门子有一系列质量管理体系，其特点之一是层层汇报。我在西门子的事业部曾做到挤进高管层的 16 级（Global Grading 16），但是 16 级再往上，还有好几个"台阶"，往下也是一样，可见其汇报层级之多。

现在很多讲管理的书都在倡导组织扁平化，以便快速决策，应对市场的变化，但这其实不能一概而论，对于讲求"品质第一"的行业，比如汽车、医疗器械等行业，多层汇报更能对质量层层把关。像我们工厂打算改进流程、修改某个工艺，经过上面的层层审批，未必能够通过，理由是数据样本只能往前追踪 3 年，还不足以保证制程的稳定性。

一个内在机制布局越深，嵌套越多，由此建立的优势就越不容易被模仿。而最好的战略是将这种优势牢牢扎根在民族基因的基础之上，就像西门子的质量控制能力，它与德国人对新生事物不确定性的厌恶是有关系的。

上面介绍的都是正面案例，下面介绍一个反面案例，也发生在西门子。西门子也曾做过手机，但很快就退出了该行业。因为手机是 2C 消费品，需要随时把握市场需求，不断推出新品，但西门子的核心优势却是做 2B 端的质量控制。我在 2003 年回中国休假期间，曾拜访过位于上海浦东的西门子手机厂的老同事，那个做 CFO 的同事跟我分享了一件有意思的事情：摩托罗拉翻盖手机已卖出几百万部了，西门子总部负责产品设计的副总裁却坚持认为翻盖是一个糟糕的工业设计。如果金属疲劳测试通不过 10 万次的标准，一律不予采纳。这就是用质量控制的思路做时尚消费品的典型失败案例。

从上面正反两方面的例子，我们可以清晰地看到，内在禀赋优势与行业制胜要素的匹配是企业制定战略的根基。

那我们该如何进行内外要素的匹配呢？

下面介绍一个实操工具——基于竞争优势的 ABC 战略路径法则。所谓竞争优势，用财务成本的术语讲，就是要打造用户的迁移成本，常见的有三种：技术领先（Advanced Technology）、品牌优势（Branding）、成本优势（Cost Leadership）（见表 5-2）。

表 5-2　基于竞争优势的 ABC 战略路径

竞争优势	战略路径	典型企业	财务回报
技术领先	技术 /IP	高通、华为	被动收入
品牌优势	体验服务	迪士尼	品牌溢价
成本优势	资源整合	富士康、沃尔玛	资产效率

1）技术领先。高通和华为这样的公司之所以能够在市场上"一骑绝尘"，靠的就是技术领先。不过这是一条窄路，需要长期的研发投入。如果企业有这样的先天基因，那么财务人员对研发投资预算应当质疑的是"该投哪个项目"，而不是"要不要花这笔钱"。因为这类企业一旦形成业界无法避开的 IP，就可以享受被动收入的回报了。

2）品牌优势。这类公司更多的是 2C 的，迪士尼就属于这一类。为了打造用户体验，迪士尼会有很多内部全球换岗的操作，对于这种花钱的行为财务人员也不应该质疑，因为这是打造品牌一致性体验所必需的开支，它的财务回报是比这些成本高得多的品牌溢价。

3）成本优势。富士康就是这一类企业的代表，富士康的成本优势是通过内部资源整合达成的，像更短的待机时间、更省人力的机械手操作等。还有一类企业，如沃尔玛，是通过向外整合进行供应链管理来打造成本优势的，这些公司的财务回报是通过资产效率体现的，比如单位产品分摊的折旧及摊销、单位工时的产量等。

上述 ABC 战略路径代表了企业战略选择的三个大类，作为财务人员，我们要从资源价值最大化的角度出发，结合行业特点与自身优势，帮企业理出最适合当下的战略路径。

金句 | 努力很重要，选择更重要。

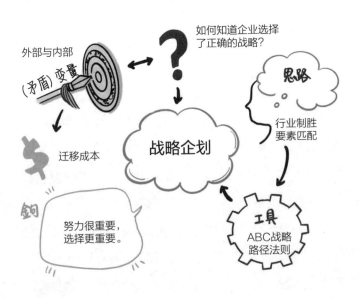

23

商业模式

企业能不能烧钱补贴

在展开对商业模式的具体讨论前，我们先来聊聊商业的本质。中国自古以来都不太重视商业，认为商人不种不收，就靠左右手"倒腾"赚得差价。

那么，商业到底能不能创造价值？这取决于我们看问题的视角。在存量市场里，如果以静态的眼光看，商人将生产者手中成本为100元的产品转手以200元卖给买家，似乎并没有出现劳动增值，却创造了增量市场，好的商业模式还可以用降低交易成本的方式激发人的创造欲望。

下面我们再来试试从财务的视角看这个问题。财务是通过信息来整合企业的资源效率的——财务方面的各种KPI报告都是在以信息的方式反映一家公司的资源效率。所以从财务的视角看，我们可以紧紧围绕"信息"这条线探讨商业与信息的关系。

如果用一句话来总结商业与信息的关系，那就是：商业的价值在于降低了信息的不确定性。买家与卖家在商品的品种、稀缺性、信用历史等方面有太多因信息不对称造成的不确定性。比如我方发了货，对方会不会付款，这就是一种不确定性；再比如对方下了一笔很大的订单，后期若市场滞销，会不会造成我方的库存积压，这也是一种不确定性。

不确定性带来的隐性风险便是成本。我们学习项目投资回报测算时，都会用一个折现率去折现，这个折现率其实就是项目的风险所对应的资金成本。一个几乎与银行存款一样没有风险的项目，我们只需付出略高于存款利率的成本就能获得投资回报；而一个有着太多技术不确定性的项目，比如新药研发，就必须有很高的投资回报率才能吸引潜在的投资人。

对于"不确定性—风险—成本"这条逻辑链，我们也可以这样表述：一个能够降低不确定性的商业模式，可以降低交易双方的风险，从而能够降低交易成本。比如支付宝就是一个能够降低交易不确定性的信用平台，因为它的存在，卖方可以先发货再收款，而买方也不用担心付了款收不到货。可以说支付宝的存在将买卖双方交易摩擦中的"摩擦系数"几乎降到了 0，让交易可以无阻碍地进行。而交易的顺畅进行，不但会带来更多的商业机会，还会激发生产者进一步的创造欲望。

比如一位农民辛辛苦苦种的葡萄原来只能卖给本地人，现在却可以通过电商平台卖到全国各地。于是，原来只种一亩地的他就想着要种两亩地，随着产量的提升，难免会遇到葡萄卖不掉的情况，此时他自己的网店已经建立起了品牌认可度，卖不掉的葡萄也不会烂在地里，而是可以做成葡萄酒继续售卖。我餐桌上有瓶 Emma's(艾玛氏)

葡萄酒就是私人酿制的，从它就可以看出，好的商业模式可以通过拉动生产创造出更多的社会财富。

不仅如此，好的商业模式还能为买家减少不少成本，比如电商平台就能减少买家的搜索成本。还记得 2000 年左右我在做进出口贸易时，曾经在沙特的展会上遇到一个沙特商人，他正在大量求购一种经编头巾，只要价格不超过 5 美元，有多少他就愿意收购多少。我觉得这是个很好的机会，可是回到中国后，我花了三个月时间也没找到可以生产这种头巾的工厂。

在我十分苦恼的时候，有朋友建议我去浙江绍兴的杨汛桥镇碰碰运气，因为那里有很多生产头巾的厂家。我连忙赶到那里，可是一连找了两天也没有找到。就在我为之沮丧、失望的时候，忽然在公厕的一堵破墙上看到了一则广告：专门生产各种经编织物。我决定打个电话试试，没想到竟找到了目标厂家——这家厂正在做产品转型，购买了一批经编机，有足够的生产能力，正在为没有订单发愁。

在这个例子中，我这几个月的辛苦奔波，其实就是极高的搜索成本，如果那时有电商平台供我查询信息，我就能够在很大程度上避免这类成本。

当然，除了信息成本、搜索成本外，交易成本还包括传播成本、结算成本、储运成本、分销成本、信用成本、售后成本，等等。那么，交易成本最终会有多高？这里用一个商业术语来描述它，就是"定倍率"。比如一条头巾，厂家出价 20 元，我的卖价是 5 美元，而沙特商人以相当于 200 元的价格将它卖给了最终消费者，这 200 元的零售价是 20 元出厂价的 10 倍，这个数字就是头巾的定倍率。如果我们能将定倍率降下来，就能减少买卖方之间的交易摩擦，并能够通过提升流动性来提高双方的交易效率。

传播成本在财务账上往往体现为广告费支出，但其实广告的销售转化率是极低的，如果我们能够找到一种转化率更高的方式，就可以节省很多的销售费用，像电商平台基于用户习惯用大数据算法主动向潜在客户推荐产品的做法，就大大降低了企业的广告费支出。

借用吴伯凡老师的话讲，这就是从以前的"眼球经济"转向了"眼神经济"。从通过竞拍央视广告"标王"这种轰炸式砸钱的方式争夺消费者的"眼球"，到通过搜集信息"打捞"用户的每个"眼神"，记录下用户曾经浏览过的网页，然后绘制出用户画像……整个过程也对应了本书第 1 模块讲到的"数据颗粒度"——一家企业必须将数据不断细化，从中洞察并捕捉到用户的潜在需求，才有可能实现买卖双方的共赢。

同时，身处交易价值链之中的企业，要想获得市场机会，也要注意从降低定倍率这个思路出发找到自己的切入点。

具体该怎么做呢？这里介绍一个方法：企业生态位分析法。

2020 年，瑞幸咖啡因为财务造假遭到了监督机构的调查，被勒令退市。有网友说，靠烧钱烧出来的"虚假繁荣"，迟早会现出原形。

同样是烧钱补贴用户的商业模式，为何优步能够不断为股东创造增值，瑞幸咖啡却因为股价暴跌造成大幅"蒸值"（指的是市值蒸发）呢？我们不妨用企业生态位分析法来解构其中的奥秘。

图 5-1 就是瑞幸咖啡的生态位对照图。

先来看看瑞幸咖啡的情况，咖啡店的价值链体现为五个价值创造环节，即进料、加工、店堂体验、产品性价比和社交分享。在进料这个环节上，瑞幸咖啡作为一家新兴企业没有深耕培育的供应链，没有与全球咖啡豆基地长期合作的低成本优势，所以在这一环节上，瑞幸咖啡无法建立自己的生态位。

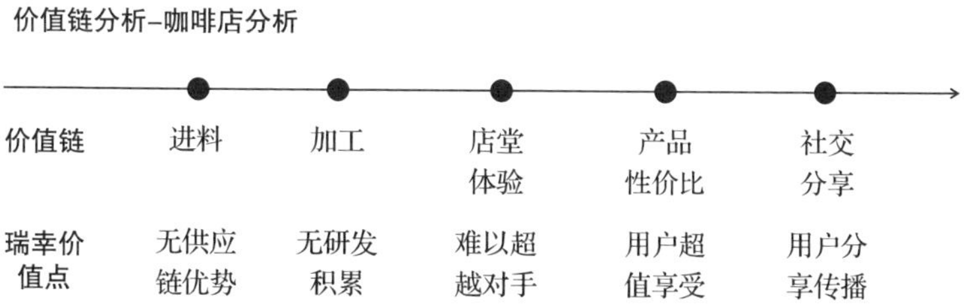

价值链分析−咖啡店分析

价值链	进料	加工	店堂体验	产品性价比	社交分享
瑞幸价值点	无供应链优势	无研发积累	难以超越对手	用户超值享受	用户分享传播

图 5-1　瑞幸咖啡的生态位

在加工这个环节上，瑞幸咖啡没有做咖啡的底蕴，不具备研发优势，这一环节也不适合成为生态位的切入点。

至于店堂体验，则是瑞幸咖啡的巨无霸对手星巴克的强项，选择这个生态位与对手竞争，无异于以卵击石，所以这一环节瑞幸咖啡也只能放弃。

而在社交分享这个环节上，瑞幸咖啡确实能够触动年轻消费者的"痒点"——消费者可以拍照在社交平台上"晒一晒"。但这种痒点不是痛点，它具有时效性，很快就会失去新鲜感，所以这一环节也不能成为足以与对手竞争的生态位。

因此，瑞幸咖啡只能与对手比拼产品的性价比，同样一杯咖啡，容量更多但价格更便宜，这一环节才是瑞幸咖啡挤进咖啡店市场的立足点。

从上面这个价值链层层分析下来，瑞幸咖啡找到了唯一可行的生态位——拼价格。可是瑞幸咖啡在成本上又没有优势，想要拼价格，就只有走烧钱补贴的路。就这样，瑞幸咖啡在烧钱的大道上一路狂奔，眼见经营门店单店盈利的承诺无法达成，于是不得不铤而走险，以财务造假的方式来欺瞒资本市场，最终落得人财两空（"人空"，主要负责人受法律制裁；"财空"，市值一天内蒸发 80%）。

完成了瑞幸咖啡的企业生态位分析后，我们再来看看优步的生态位选择（见图 5-2）。

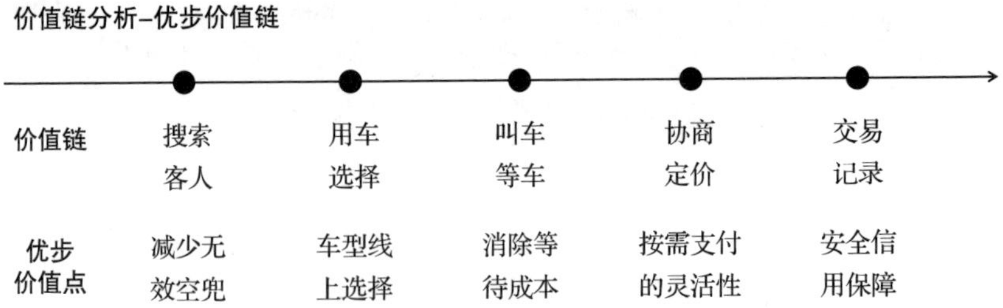

价值链分析–优步价值链

价值链	搜索客人	用车选择	叫车等车	协商定价	交易记录
优步价值点	减少无效空兜	车型线上选择	消除等待成本	按需支付的灵活性	安全信用保障

图 5-2 优步的生态位

优步所在的打车出行行业，其价值链也可以分成五个价值创造环节，即搜索客人、用车选择、叫车等车、协商定价和交易记录。

先看搜索客人这一环节。在优步问世之前，传统的打车出行行业（出租车行业）习惯于"车找人"的模式，白天司机开着车满大街寻找客人，不但费时费力，还增加了耗油量。到了下班高峰，客人虽多，每辆车一次也只能拉一个客人，也就是说，供应与需求在时间上出现了严重的错配。优步打车 App 一出现，司机不用再苦苦寻找客人，因为优步打车 App 会根据位置信息将附近的需求推送给司机，大大减少了司机"无效空兜"的概率。

再看用车选择这一环节，以前用户乘车无法自由选择车型，现在却可以通过优步在线选择所需车型，比如人多可以选择大车，接送客人可以选择豪华一点的车。

在叫车等车环节，用户可以根据预计到达时间合理安排手头的事务，即使每次只能节省几分钟，但日积月累，节省的时间将是非常可观的。

接下来是协商定价环节，优步打车 App 给了用户"多点博弈"的机会，用户只要发出一条从酒店到机场的需求信息，许多司机就会同时看到这条信息，便会快速抢单。在这种情况下，没有司机会随意跳单，更不会随便加价，这就是多点博弈的好处。在过去单点博弈的时候，用户只能面对一个司机，不得不跟其"砍价"，有时司机漫天要价，用户也只能无可奈何地接受。

最后一个环节是交易记录，司机与用户的有关信息会构成信用记录，能够降低双方未来交易的信用成本。

在以上五个价值创造环节中，优步可以为用户和司机降低搜索成本、选择成本、等待成本、协商成本和信用成本，每个环节都是它可以切入的生态位，与传统的出租车相比，优步具有全生态位的优势，所以优步的"烧钱"与瑞幸咖啡的"烧钱"是有本质区别的，表面上都是补贴，但优步有大幅降低交易成本的逻辑支撑，而瑞幸咖啡却没有带来任何交易成本方面的贡献，所以，最后的结局也大不相同。

由此可见，企业生态位分析法这个工具可以帮我们跳出企业自己的经营逻辑，让我们能够站在行业价值链的角度，以降低交易成本这个逻辑来审视自己的商业模式，从而避免错误的战略选择。

回顾本节内容，我们会发现，一个好的商业模式不只是简单地联结买卖双方，而是通过减少交易摩擦的方式促进商品的流动，进而激发创造的欲望，让一个本来只种葡萄的农民产生了酿造葡萄酒的欲望。而企业想要设计自己的商业模式，可靠的法则就是降低定倍率，定倍率中间的倍数差就是交易环节的交易成本，从信息成本、搜索成本、传播成本、结算成本、储运成本、分销成本、信用成本到售后成本，每一个都可以成为企业选择战略定位的切入点。

金句 ｜ 烧钱也是一种技术活儿。

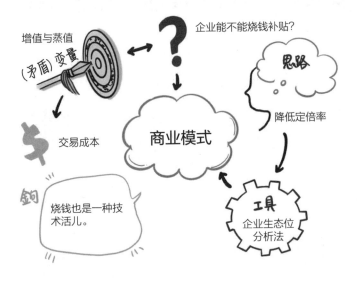

24

品牌资产

为什么砸钱做广告砸不出品牌

品牌资产，虽然无法用传统财务估值模型进行估值，却是越来越明显的核心竞争力。那么，我们到底该如何定位与评价品牌资产呢？这就是本节将要探讨的主要问题。

借用刘润老师关于"鱼与水"的说法，企业首先应当弄清楚自己是一条什么样的"鱼"。这也是我们在"战略企划"一节中讲到的问题，即企业在确定战略时首先要了解自己的内在禀赋和核心优势。在"商业模式"一节中，我们跳出了企业的视角，从行业价值链的角度为自己选择生态位，找到了最适合自己这条鱼的"水塘"。在本节"品牌资产"中，我们就来讨论怎样做到"如鱼得水"的问题，即怎样利用品牌势能在正确的市场中最大化地发挥企业的优势。

商业的一个核心本质是能够降低交易成本。在第4模块"资源整合"中，我们讨论了企业该如何整合内部资源以降低产品交易成本，而品牌则是以一个超级符号的形式打通企业内部与外部市场的连接，能够降低企业的外部交易成本。

在生产盈余的时代，供大于求的竞争态势催生了一层又一层的推广渠道，相应渠道商的出现，拉大了产品销售价格与生产成本之间的定倍率。一件生产成本只有 50 元的衬衣，销售价格可能会达到 300 元，之所以会出现这样的高定倍率，是因为生产端与消费端之间存在着巨大的信息不对称，因而会造成巨大的认知成本。

品牌的诞生就是为了降低高定倍率中的认知成本，而认知成本又可以被拆解细化为信用成本、选择成本、传播成本三类（见表 5-3）。

表 5-3　认知成本的分类

交易成本	典型企业	财务回报
信用成本	阿里巴巴	把体系当作核心资源经营
选择成本	大众点评	资源聚焦、突出特点
传播成本	联想	品牌变现、横向拓展

1）品牌能够降低信用成本。阿里巴巴创建的支付平台解开了买卖双方互不信任的死结，用一个具有公信力的平台降低了交易双方的信用成本。这个有公信力的平台不是一夜之间建成的，而是阿里巴巴经过十几年的体系建设打造出来的，所以财务管理者要把体系当作一种核心资源来经营。

2）品牌能够降低选择成本。降低选择成本，也可以降低销售价格与生产成本之间的定倍率，这方面有一个成功的案例就是大众点评。在大众点评出现之前，大家在请客聚餐时，经常要费尽心思选择去哪一家餐厅就餐。大众点评的成功之处在于"信息聚焦"，它将搜索聚焦在十分小众的餐饮点评上。像百度这样的大平台提供的是商品与企业的信息，而大众点评则把大家茶余饭后的零散信息整合起来，做成了一个细分搜索平台。同样的道理，很多公司在经营品牌时为了降低消费者的选择成本，会只做一种产品，甚至只做一种型号的产品，比如苹果每年只做一款手机，这也是出于资源聚焦的考量。

3）品牌能够降低传播成本。2004 年，联想宣布收购 IBM 的个人电脑事业部，不过没有继续使用 IBM 这个品牌，尽管很多消费者认为联想的品牌没有 IBM 的品牌知名度高，但是联想收购 IBM 个人电脑事业部这件事本身就是一个极具品牌效应的里程碑事件。当时，联想的这次收购树立了"民族工业品牌之魂"的品牌形象。有了这样的形象，想要实现横向转移变现就容易多了。联想在 2012 年收购四川川酒，快速进入食品行业，就是充分利用家喻户晓的品牌进行跨行业快速成长。

从以上三个例子中我们可以看到，一个好的品牌可以通过多种方式降低认知成本。

在这个注意力分散的时代，品牌运作的模式也在悄悄地发生着改变。这种改变是一种由 Push 到 Pull 的变化。Push 就是硬推广，像以前的广告，不管消费者是否观看，企业都会不断砸钱在电视黄金时间段播放，但这种粗暴砸钱的方式是极其低效的。而且 Push 依靠的主要是品牌的外在属性，像品牌 Logo、经典的广告词等。

而 Pull 是软推广，靠的是品牌的内在属性，正如一句古话所说："桃李不言，下自成蹊。"品牌的内在属性更多的是与产品质量和企业形象相关联的。比如内在属性会更强调品牌的历史传承，像德国的企业动不动就以"百年老店"的形象昭告天下，德国的啤酒品牌往往会在瓶子上贴一个"始自 1875 年"之类的标识。这种强调内在属性的品牌战略不争眼下的一城一池，不会砸钱拼命打广告、争标王，而是会立足于企业内在品质的长远发展。因为靠砸钱打广告做出来的品牌，往往来得快，去得也快，特别是那些内在品质不佳的品牌，一旦被消费者识破，就会被市场彻底抛弃。像 20 世纪 90 年代盛极一时的太阳神口服液曾经是家喻户晓的品牌，可随着时间的推移，它早已湮没在了历史的尘埃中。

所以真正长久不衰的品牌是靠内在品质的一致性，以及对市场的不变承诺才能够生存并延续下来。这样的品牌在价值上与那些硬推广的品牌截然不同。

为了衡量品牌的价值，这里介绍一个"品牌价值系数"的概念，其计算公式如下：

$$V = \sum_{1 \to n} \left(\frac{P}{C} \right)^t$$

在这个公式中，V 代表品牌的价值系数；P 是产品的市场售价；C 是企业的交付成本；t 是时间，以年为单位，5 年就是 5 次方，100 年就是 100 次方；n 是加总，代表门店总数加总或者全球子公司数量的加总。简单地说，品牌的价值系数是市场售价（代表市场接受度）与交付成本（内在资源耗用成本）的比值，然后纵向以时间产生复利效应，横向按照门店数累加。

进一步分析，产品的市场售价 P 其实代表了用户认可的价值，在短期内企业可以用各种手段"诓骗"市场，获得一个很高的市场售价，但从长期来看，市场售价 P 会回归到产品对市场的价值贡献上。C 是交付成本，只有当 P 大于 C 时，$\frac{P}{C}$ 这个比值才是大于 1 的，这时时间的复利效用才会是正向的。如果这个比值小于 1，比如瑞幸咖啡成本高达 30 元一杯，却只卖 15 元一杯，这个比值就是 0.5，这种模式持续得越久，企业的亏损就会越大，所以瑞幸最后实在无力支撑，走上了财务造假这条路。

这里还想提醒大家注意公式中的两个系数 n 和 t。n 代表横向叠加效应，n 值越大越好，但要做大 n，必须实现标准化，比如所有门店的口味都一样，这就是一种标准化。t 代表纵向的一致性，比如门店历经数年，口味始终如一。

标准化对于品牌建设具有非常重要的意义。20 世纪 90 年代初，上海曾经有一个名叫"荣华基"的快餐连锁品牌，它的名字的最后一个字本来是"炸鸡"的"鸡"，但为了对标肯德基，便改成了这个名字。它的战略也十分清晰，是要在 5 年内成为中国的肯德基，把洋品牌比下去。谁知还不到 3 年，整个连锁店就开不下去了。

按理说中国人更习惯中国口味的菜品，为此"荣华基"还特意招募了一大批一级厨师、二级厨师，以确保炸鸡在口味上胜过肯德基。但问题恰恰出在这些厨师身上，因为厨师是人，不可能像机器那样做到标准化作业。

肯德基的炸鸡未必是最好吃的，但一定是门店之间质量差异最小的，因为它仰仗的不是厨师的手艺，而是一套标准化的流程。首先是食材的标准化，比如土豆的产地是一致的；其次是操作的规范化，比如炸鸡炸多少分钟要翻个身，每 100 克土豆要加几克盐，甚至连店堂门口的肯德基老爷爷吉祥物，其规格都要统一。

这种标准化的好处是让用户无法比较。因为一旦用户有了比较，认为某家门店的口味更好，就会"厚此薄彼"，导致那些口味相对一般的门店的生意十分惨淡。所以肯德基能够受到顾客的欢迎，与其说是炸鸡配方好，还不如说是肯德基用统一的口味"驯化"了顾客。这里所说的"驯化"顾客，就是做品牌的高手喜欢使用的一种招数，他们不会用强刺激、强宣传的方式让顾客接受自己的品牌，而是会用一种潜移默化的方式让顾客产生路径依赖。

我们在做财务管理时，也可以从中吸取一些经验，让企业的资源能够倾斜到流程与标准建设上。比如让员工将技能心得书写成技术文档，这样能够实现软知识硬核化。就拿"得到"平台做的节目举例，有关场地布置、语速控制、文案策划等都有对应的知识清单，有助于企业的"标准化"。

企业就应当像这样舍得在流程与标准建设上花钱，像微软也有明确的知识文档（Knowledge Documentation）的书写要求，德国企业则致力于开发自己的小工具，以便用标准化工具来减少人工操作的差异，这些标准化操作其实也是在做品牌——因为品牌就是各种细节堆积起来的感官印象，所以这些企业会倾向于用一致化的产品与服务来传递品牌精神。

但有的企业在这方面做得还不够到位，比如有的银行在各个城市都有分行和支行，但是仔细对照各地工作人员拿出来的名片，就会发现 Logo 的字体大小、颜色是不一样的，这就会让人感觉总部与地方缺乏协调，没有做到"标准化"。

还有一个值得注意的问题是时间方向的一致性，这也是做品牌的一个关键点。日本与德国的某些企业为何会乐此不疲地标出百年老店的标志，就是因为在时间优势上积累的竞争力才是最难复制的。它们从来不会直白地说自己是最好的，却会用时间这道门槛把对手挡在外面。德国有很多隐形冠军企业，规模不大，也不太爱做广告，却能在行业内做到无人不知、无人不晓，它们靠的就是长年累月保持品质的一致性。比如做工装夹具的罗姆公司（ROHM）、专做螺丝螺母的伍尔特集团（WÜERTH）等，它们注重体系建设，会投入很多人力、财力、物力研究防呆控制。它们会用各种统计手段来定义细微的品质偏差，会以最严谨的精神狠抓品质上的一致性。反观我们的很多企业，却常常觉得体系建设没有什么价值，所以会随意削减预算。可事实上，在这方面投入的资金往往会带来可观的回报。

举一个最近发生的例子，我在做预算时特别拨付了一部分经费给进出口部做海关的 AEO 认证。因为这种认证资质就是最好的品牌背书，在潜在客户审核我们的供应商资质时，这种品牌背书往往会比财务报表更有用。

需要提醒的是，在品牌资产建设上，我们不应随意搞创新。因为每一次变化都会改变市场对我们的认知，导致无法建立缺省路径认知。就像可口可乐曾经改变过一次口味，结果已经产生口味记忆的消费者感觉自己喝的是另一个品牌的产品。经过这次失败的尝试之后，可口可乐再也没有改变过口味。这也是在告诫我们，要重视品质的一致性，因为它是一个伟大的复利指数，会随着时间的推移，一步步加固品牌效应，放大市场认同价值。

金句 | 品牌不是用钱"砸"出来的，而是用心"打磨"出来的。

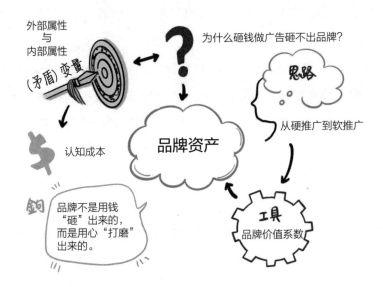

25

定价模型

管理报表能否与财务报表数据不一致

　　企业该如何定价呢？定价合理，有可能获得更多的市场份额，还有可能提前收回投资、实现盈利；若定价不合理，比如定价过高，就可能拿不到订单，白白让设备闲置，更可能导致严重的亏损。所以对待定价问题，我们应当格外慎重，并且要先把握好一对（矛盾）变量，"盈"和"亏"。

　　其实企业的盈亏是相对的概念，究竟是盈还是亏，要看我们用什么样的标准来衡量。说到这里，大家可能会觉得疑惑：盈亏难道没有客观的标准吗？比如企业在美国上市，就得按美国的财务报表标准（US GAAP）来做账，这实打实的财务亏损还可以用什么方法给抹平吗？

　　这里当然不是要教大家做假账来抹平财务报表上的亏损。说到账务利润，我们不妨回溯一下产品成本的核算方法，本质上有两种，完全成本法与变动成本法。完全成本法，英文叫 Full Absorption Cost，简称 FAC，是最通行的核算方法，也是大多数国家的会计准则认可的主流方法。在完全成本法下，料、工、费这些与生产直接相关的资源消耗，都要被沉淀到产品的制造成本中去。至于变动成本法，只是把变动成本核算到了产品成本中去。

举个例子，假设一家工厂某个月生产了 1 万件产品，原材料耗用了 60 万元，当月的人工开支即工人的工资津贴福利是 20 万元，所用机器的购买价格是 600 万元，按 5 年折旧（60 个月摊销），每个月的机器折旧费是 10 万元，这样，工厂的料、工、费总成本是 90 万元，平摊到每件产品上，成本是 90 元 / 件。这就是完全成本法的核算方法。

如果用变动成本法核算，我们只需计算材料和人工的成本，因为只有"料"和"工"是随着生产产量的变化而变化的，而机器折旧与产量无关，所以被排除在了产品成本之外。于是，用变动成本法核算的产品成本只有 80 元 / 件。

变动成本法早先也是一种可选的成本核算方法，但由于绝大部分企业用的是完全成本法，为了维护会计准则的可比性原则，很多国家废止了变动成本法这一成本核算方法。久而久之，人们在核算产品成本时就只会想到通行的完全成本法了。如果从第 12 节提到的快思考、慢思考概念来看的话，完全成本法就像系统 1 快思考一样植入到了会计人员的大脑深处，让人不假思索地把它当成了唯一的成本核算方法。

但是在讨论定价模型时，我们有必要开启系统 2 的慢思考模式，把变动成本法与完全成本法放在一起比较，以判明优劣。

变动成本法其实有一个突出的优点，它是从一种前瞻性的视角出发，将成本分为与未来相关的和与历史相关的两大类。像材料、人工等是未来生产无法避免的，必须算作成本的一部分。而机器折旧无论计算与否，都与未来的生产无关，属于沉没成本。"沉没成本"这个概念就可以帮助我们区分成本的新旧，进而能够将精力放在将要发生的事情上，而不是被已经花出去的钱所困扰。

关于沉没成本，有这样一个有趣的例子。有一天，有两名男生在宿舍里下棋，突然外面下起了暴雨，这时其中一名男生脱掉外套，冲到外面，把自己彻底淋湿后才走回宿舍。另一名男生非常惊讶地问他为什么要这么做，他回答道："因为我抽屉里的那盒感冒药快过期了。"

在彻底摒弃沉没成本的那一派人看来，已经投资购买的设备就如同那盒快过期的感冒药一样，应当被遗忘掉，而我们在做定价决策时，不应反复考虑过去的投入该怎么办，应当朝前看。

就像之前用完全成本法和变动成本法计算出的产品成本分别为 90 元 / 件与 80 元 / 件，如果客户的订单价格只有 85 元 / 件，我们是否应当接下订单呢？按照完全成本法，85 元 / 件的定价低于 90 元 / 件的成本，属于亏本生意，所以只能选择不接订单；但要是按照变动成本法，85 元 / 件的定价高出变动成本 5 元 / 件，也就是说，每做一件都有 5 元的利润，那就应当果断接单。

在现实生活中，这样的例子其实并不少见。20 世纪 80 年代韩国汽车厂商在将汽车卖到美国市场时就常常面临这样的选择，当时以现代为主的韩国汽车厂商大胆地采用变动成本定价法，找到了以低价进入美国市场的机会。在逐渐获得市场认可之后，韩国汽车厂商再对汽车加价，不但收回了投资本金，还成功地在美国市场获得了一席之地。这个案例可以说是战略定价的成功典范。

大家可能会问，这样核算成本，是怎么通过财务审计的？而且用变动成本法计算出来的期间费用特别高，有前期缓缴税的问题，税务局那里又是如何通过的呢？

在此有必要澄清一下利润表的门类，为此，我列出了三张利润表（见图 5-3）来进行比较说明。

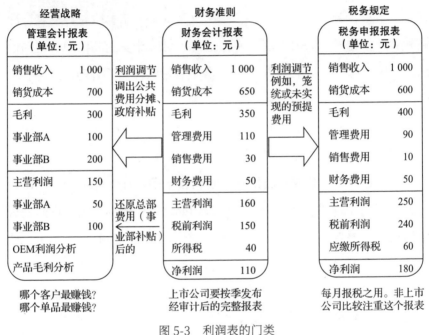

图 5-3 利润表的门类

图 5-3 中间的利润表是按会计准则做的，也就是大家最熟悉的财务报表。在该表中，一部分机器成本被放到了当期尚未卖出的存货中去。

右边这张利润表是税表（税务申报报表），它是按国家收税的需要来确定利润的，当然还会体现国家鼓励性的一些行业政策。比如研发费用可以按 1.5 倍抵税，但是管理层自己估计的坏账和存货跌价统统不予认可为抵税费用。所以我们即使采用变动成本法，将当期购买的机器成本全部计入期间费用，税务局也会要求我们把它调出来。

再来看看左边的利润表，也就是管理会计报表。财务会计往往会认为财务报表的利润表是衡量管理层绩效的，但管理会计却会这样说："管理会计报表才真实地反映了经营绩效。"

为了更好地说明这个问题，我在下面列出了管理会计报表与财务会计报表的一些常见差异：

- ▶ 管理会计报表调出政府补贴收入，财务会计报表不调出
- ▶ 管理会计报表还原事业部的补贴，财务会计报表不还原
- ▶ 管理会计报表还原经营地差异，财务会计报表不还原

下面我们将进入具体的场景来辨析细节，这样能更好地理解这些差异。

我在西门子的半导体工厂做中国区财务总监时，每隔半年要参加一次后道工厂的同类工厂研讨会（Reference Fab Workshop），届时来自马来西亚、新加坡、德国、葡萄牙和中国工厂的财务人员会集中在一起，分析拆解各个工厂的经营成本，再从中梳理出一条最佳成本曲线（Reference Cost Curve），将其作为每家工厂努力的目标。

在做这个工作时，我们首先要做的是财务报表还原。比如"调出政府补贴收入"这一项，在我们的德国工厂，政府按工厂投入的设备成本的 20% 给予补贴。按照相应的财务报表准则，同样的设备在中国工厂每月计提 50 万元折旧，但德国工厂只有 40 万元。显然，这是对真实成本的扭曲，或者说较低的成本不能反映工厂的经营绩效。

至于"还原事业部的补贴"，这一项发生在葡萄牙工厂，它的厂房面积远远超出实际需要，但这不是它的自由选择。原本我们半导体

事业部想在马来西亚扩建厂房，但是那时西门子通信事业部正好在与葡萄牙政府谈一个大型项目，对方在给我们项目时提出了一个附加条件——要在波尔图新建的工业园里投资一个不低于5亿欧元的工厂。集团在综合测算后，认为在葡萄牙做半导体封装虽然"奢侈"了一点，但其他事业部获得的项目收益更大，所以就决定牺牲半导体事业部来支援其他事业部。因此我们在做工厂成本最佳实践比较时，应该把这部分成本还原一下。

最后一项是"还原经营地差异"，发生在中国工厂，我们获得的税收优惠有一部分体现在增值费用中，所以也要剥离出来。

总之，我们应当先进行各种还原，把财务账本上真实但不适合做比较的费用全部剥离出去，再做比较。这就像两个高手在比武时，先把身上的盔甲卸掉，把携带的兵器扔掉，然后才能用真功夫来比拼。比如，对每生产1 000件产品耗用的人工工时做比较，对同一家供应商的材料损耗做比较等。每一项成本的最真实比较都指向工厂的未来发展，或者可以联系到某些订单的报价选择。所以在管理会计眼里，费用存在对错，而成本不存在对错。

说回战略成本定价，我们再来回顾一下日本汽车是怎么进入美国市场的。与韩国人采用变动成本定价法不同，日本人采用了目标成本定价法。传统的定价是将料、工、费多种成本自下而上顺加，比如在日本工厂生产一辆本田经济实用型汽车要1万美元的成本，加上2 000美元的目标利润，最后以1.2万美元的价格出售。这样定价看似合理，却很难被市场接受，因为当时日本汽车还没有什么知名度，要进入美国市场打动美国消费者，就必须有大幅优惠才行。

于是日本人拿设计好的车找到美国市场的交易商（Dealer），问他们这样的车定什么价才卖得动。汽车交易商说："我们的福特汽车每辆才卖 1.2 万美元，你们顶多每辆卖 1 万美元。"于是日本人就以每辆 1 万美元的市场接受价为标准，倒扣掉 2 000 美元的利润，将成本重新定为 8 000 美元。

具体怎么实现呢？日本人回到厂内，马上将设计、采购、生产、质量等职能部门召集起来，准备实施精益生产项目（示意图见图 5-4），目标是三个月内做出性能不变，但每辆成本从 1 万美元降到 8 000 美元的汽车。

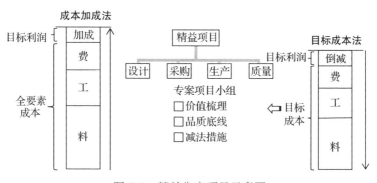

图 5-4　精益生产项目示意图

为此，日本人先从外部成本入手，推出了准时制（Just in Time，JIT）的做法。由于成本中有一大部分是与材料仓储保险相关的，所以日本工厂让供应商与自己建立库存数据共享，材料快要用完时，马上让供应商送货，以实现零库存生产。顺便说一下，现在所说的 VMI，其实只是一个零和游戏，只是将成本从买家转移到卖家而已，而 JIT 通过数据管理真正降低了工厂和供应商两家的总库存量，所以日本人的精益生产对价值链管理是有货真价实的贡献的。

再来看看内部成本，我将日本人的做法总结为 JIN（Just in

Need)，即刚好就行。如果发动机设计的寿命是 10 年，车架为何要耐用 15 年呢？日本人决定从此入手降低成本，比如将钢板厚度降低 20%，再更改一下弧线设计，只要能确保冲撞试验的抗压数据不下滑即可。日本人还美其名曰，说这是"好钢用在刀刃上"。

通过 JIT 的外部成本整合，以及 JIN 的优化设计，日本人用精益管理让汽车的成本大幅下降，而且性能也不比美系、德系的汽车差。这种目标成本法本质上是用市场底线倒逼挖掘内部潜力的战略思路，而这个内部潜力包括对整条供应链的整合。

从韩国汽车与日本汽车在打入美国市场时采用的两种不同定价策略来看，韩国人把沉没成本这个"资源"玩到了极致，而日本人的目标成本定价法比韩国人的咬牙坚持更进一步，是通过精益管理手段让生产成本显著下降后才达到目标售价的。

对于"管理报表能否与财务报表数据不一致？"这个问题，一个管理会计应该有的回答是：费用存在对错，而成本不存在对错。

金句 费用存在对错，成本没有对错。

第 6 模块

价值管理

26

产品利润

为什么说"红利都会成为红海"

企业的终极目标是创造价值，所以每家企业，不管是上市公司还是非上市公司，都会特别关注价值管理的问题。

想要衡量企业创造价值的多少，我们可以使用股东权益报酬率（Return on Equity，ROE），它的计算方法是净利润除以股东权益，反映了股东投入的资本产生利润回报的效率，但这样计算还是不够的，我们还需要继续对其进行拆解。

著名的杜邦公式就能够对股东权益报酬率进行拆解。在杜邦公式中，我们可以看到，股东权益报酬率被拆解为三个比值相乘：

$$股东权益报酬率 = \frac{净利润}{销售收入} \times \frac{销售收入}{总资产} \times \frac{总资产}{股东权益}$$

这三个比值其实就是三个细化的指标，依次为产品利润率（PM，即常说的销售净利润率）、资产周转率（AT）和财务杠杆率（DL，即常说的权益乘数）。

这三个指标分别对应了企业运作的三个发力方向：产品利润率代表外部机会，一家公司的产品利润率有多高，在一定的市场中是既定的，公司不是想提价就能随便提价的。用一句形象的话来说明，就是："挣钱要看客户的脸色。"

资产周转率代表内在潜力，同样投入 1 000 万元的资产，是一年周转一次，完成 1 000 万元的销售收入，还是一年周转两次，完成 2 000 万元的销售收入，这考验企业的内在功力，或者说从中可以看出企业的内部潜力有没有被充分挖掘出来。用一句形象的话来说明，就是："赚钱要看自己的角色。"

财务杠杆率代表资本运作，它在计算时要用总资产除以股东权益，这是负债率的一个变相表达，比如负债率为 40% 的公司，其借款与权益为四六开，用总资产比股东权益就是 10：6，为 1.67 倍。这虽然不是最常用的负债率指标，但本质上其实是一回事。

像这样将一个公式拆解成有三个分步的公式，可以说为企业进行价值管理提供了三个抓手：有外部机会就抓外部机会，没有外部机会就挖掘内部潜力，在此基础上还可以使用资本杠杆，以适当加大债务比例的方式来增加股东所投入资本的回报。

由于这三部分内容比较多，我将分三节来介绍。这一节主要聚焦于产品利润，这里的"产品"是广义的产品，包括物质产品和非物质形态的服务。

那什么是利润呢？财务人员可能会马上想到，利润就是利润表上最终的净利润数字，或者英文财务报表中所指的 Bottom-line。但这是不够准确的，因为财务报表上的净利润是财务利润，而我们在这里所说的是经济利润，这两者之间的差别就是机会成本。

机会成本可以理解为一家企业为社会打工的"工资"。以做农产品贸易的企业为例，如果只是简单地买进卖出，自己配备仓库进行周转，那么在没有特别垄断政策支持的情形下，这家企业挣得的就是收回仓储成本之外 3% 的"利润"。它可以被视为在为社会打工，所得到的是通过疏通渠道、流通物资而获得的"辛苦钱"。

至于真正的利润，是为社会打工的"工资"以外的超额回报，也就是企业因提供了别人无法提供的产品与服务而挣得的回报。比如用区块链技术跟踪产品的进出，将农产品过期浪费降到零，做到了这一点，企业就会多挣一部分利润；再如企业能用用户端的大数据做消费趋势预判，并以此用分布式提前布货的方式让用户更快速地收到原产地的产品，做到了这一点，企业又可以多挣一部分利润。

具体来看，产品的利润是企业内外部要素组合动态平衡的结果，它会受到行业前景、业务模式、竞争态势和利基特性四个要素的制约。

1) 行业前景。行业有"朝阳产业"与"夕阳产业"之分，而产品的生命周期可以细分为引入期、发展期、成熟期与衰退期。在 20 世纪 90 年代末手机刚刚兴起时，一个像砖头大小的大哥大要卖几万元，而摩托罗拉在手机产品引入期先于竞争对手进入市场，利用先行者优势（First Mover Advantage），在 6 个月里赚到了整个产品生命周期 90% 的利润。

但是"人无百日好，花无百日红"，一个产品、一个行业终究有它的成长衰退规律。10 年后，传统手机逐渐被智能手机取代，摩托罗拉手机连同这家公司逐渐走向了衰落。这样的事情绝非个案，每次出现技术突破，比如从 3G 到 4G 的移动终端技术取得了突破，就会形成一股新的产业浪潮，也就是创业者所说的"风口"。那些抓得住风口、跟得上浪潮的人，可以被称为新浪潮开拓者（New Wave Frontier），他们最有机会挣得超额利润。

2）业务模式。企业的业务模式越复杂，生态系统打造得越完善，竞争对手就越难模仿，企业也就越有机会获得额外的回报。以智能手机为例，摩托罗拉、诺基亚等传统手机制造商没能赶上智能手机的浪潮，惨遭淘汰，可那些赶上了风口、及时转型做智能手机的企业也未必都能赚到钱。像联想、微软、小米这些手机厂商并没有挣到大量利润，真正获利可观的还是苹果，2018 年的 IDC 数据显示，整个智能手机行业的利润，苹果一家就独占 90%。

这是因为苹果打造了一个生态系统，它的 iOS 系统整合了所有的苹果产品，从手机到手表再到 iPad，用户只要用一个 Apple ID 登录，再使用 iCloud 云同步，就可以享受到产品集成整合的无缝对接，而 App Store 则聚集了大量软件开发商，确保苹果手机用户能够使用最先进的应用软件。所以与其说是苹果手机的卓越性能和靓丽设计为它挣得了高于同行的利润，还不如说是苹果精心打造的业务模式让它在定价上获得了极高的自由度。在哈佛商学院课堂上，菲力克斯·奥伯霍尔泽 – 吉（Felix Oberholzer-Gee）教授曾经用一个专业术语形容它，叫作 WTP（Willingness to Pay），即用户的支付意愿，而苹果与亚马逊都享有这种超高的 WTP。

3）竞争态势。如果产品没有足够高的竞争门槛，能够获利的时段就会仅限于竞争对手涌入前的这个"时间窗口"。我认识一个越南企业家，他在新冠肺炎疫情刚暴发的当口儿，果断决定投资做口罩。他投资了 200 亿越南盾（约 100 万美元）购买设备，每天生产 10 万个口罩，每个口罩成本只有 2 000 越南盾（约 10 美分），出口给海外批发商却能卖到 20 美分，以一天 1 万美元现金利润的进账速度，他只要 100 天就能收回投资。

然而，需求来自全球市场，供应也是全球供应。口罩行业竞争门槛极低，很快竞争对手便大量涌入。他发现原来一个口罩能挣 10 美分的利润，半个月后就只能挣 5 美分了，再过半个月，利润只剩 2 美分……没过多久，利润率下降到 5%，一个口罩只能挣不到 1 美分了。我知道这件事后，安慰他说："这就对了，做口罩这种没有技术含量的产品，本来就只是为社会打工挣点辛苦钱，现在虽然由于新冠肺炎疫情出现了短暂的风口，但大家一起扎进去，很快就会把它打回原形。"

4）利基特性。"利基"来自英文的"niche"，它是西方人放神龛的小洞，引申意义是"虽然小，却很精致"。德国有很多隐形冠军企业，它们就像躲在神龛里的神像一样藏而不露，但它们却通过时间与技术积累拥有了很高的竞争门槛，比如它们能够将产品做得极其精致，像精准度无与伦比的钟表、可靠性无法比拟的汽车零部件、多年精心研制的高性能化工产品等。用技术壁垒打造的利润，才是经得起市场风浪与竞争对手冲击的真正利润。

如果把企业看作一棵树，树上的果子就是我们看得到的利润，但果实是否丰盈，取决于地面以下我们看不见的根系与养分。用彼得·德鲁克的话来说，一家伟大公司的特点之一，就是它所做的所有事当中，有一半是看不到的，而看不到的这一半恰恰把这家公司与其他公司区别开了。也就是说，今天我们看到的利润之果，其实都是若干年前企业深耕布局的最终呈现。苹果在 2007 年推出的触摸屏手机在市场上一炮打响，但触摸屏技术其实是苹果在十几年前从日本施乐那里购买下来并不断打磨而成的。

从这个例子也能看出，企业是挣"工资"还是赚利润，根本的选择是做易事还是做难事。如果一家企业选择做大家都能想到并轻易做到的事情，那就是进了一扇宽门，但最终通往"天国"的却只有窄门；相反，企业选择做难事，无形中提高了竞争壁垒，增加了竞争对手的模仿成本。这是在用打造护城河的方式，从硬件、软件、系统集成来全方位定义并开发自己的优势。

我有一个做 HR 的前同事，他觉得一年挣 20 万元的工资"没劲"，就决定自主创业做劳务中介。他利用自己从广西老家找到的学校资源，付给每名学生 500 元，转手从用工需求很大的电子厂获得 2 000 元 / 人的介绍费，一年能够赚到 200 万元的利润。但很快产业园附近的劳务中介所如雨后春笋般地涌现出来，不到两年，他从年利润 200 万元，又回到了 20 万元一年的"工资水平"。痛定思痛后，他以高端外企为目标，直击中国高技能技工短缺的痛点，打算花三年时间深耕，以打造自己的"护城河"。

第一年他投资硬件，建了一个车铣刨切齐全的机加工车间，又配备了与 CAD 设计能力配套的机房；第二年，他引进了在大众、博世等企业工作多年的老技师，加强培养技工的师资力量；第三年，他在与用户的多个部门深度沟通的基础上，推出了定制化课程，从模具制作，到电子厂 ESD 管理，再到工厂 5S 管理，各种实用课程一网打尽。他还吸引、筛选、培养了大批优秀人才，每年可向外输出 300 名优秀技工，年利润高达 1 000 万元。

他曾经这样说道："我就算把赚钱的办法都告诉对手也没关系，他们根本就学不来。"因为他把硬件、软件、客户需求整合成了定制化的课程，也形成了一道道让对手难以跨越的门槛，最终建成了自己的

"护城河"。

当然，他能够做到这些，也离不开对竞争对手的不断分析和深入研究。这里介绍一个实操工具——竞争对手分析报告（见图6-1）。

图6-1是我以前在德国总部做的竞争对手分析报告。我们从研究表面的毛利率、成长性出发，进而研究存货周转率、研发费用这些经营数据，之后还可以再进一步，从第三方研究机构购买分析报告，进行细化的分析。比如我们可以进行每个工程师的工作时间与工资比率的对照，当时这个比例让我们大吃一惊——同为研产销一体半导体厂商，我们研发工程师的工作时间只是人家的60%，但工资却是他们的1.5倍，这不能不引起我们的重视。我们公司最终做出的剥离DRAM事业部的决定，就是基于竞争对手分析报告中关于德国与韩国工程师投入产出比例的本质性差距做出的。

对竞争对手的分析可以帮企业找到最优的实践，有助于避开不必要的红海苦战。很多企业看重风口红利，但由于缺乏对竞争对手分析的博弈预判，很快就把红利做成了红海。

总之，今天的利润只是我们看到的"果"，更重要的是要着力于"根"的建设，其中对企业的一个考验便是：该选择做难事还是易事？做易事，大家一起投入红海，辛苦一番，却只能挣得为社会打工的那部分"工资"。要做出更高的利润，就要提高对手的模仿成本，打造自己的产品护城河，即用硬件、软件、流程体系等打出一套组合拳，增加对手模仿与超越的难度。这个只有我们做得来而别人却做不来的本事，才能帮我们赚到真正的利润。

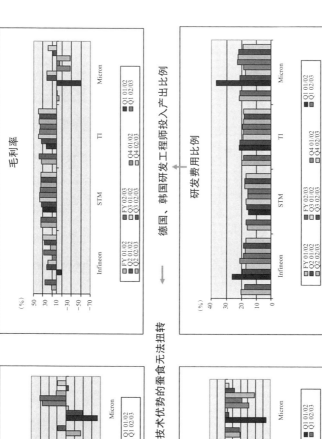

果断剥离 DRAM 事业部　⟶　技术优势的蚕食无法扭转　↑　德国、韩国研发工程师投入产出比例

图 6-1　竞争对手分析报告示例

金句 | 做难事才能长本事。

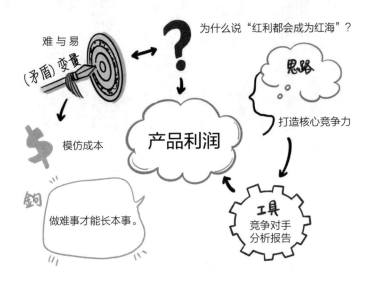

27

资产效率
提高竞争壁垒还是节约资源

杜邦公式指出了提升股东价值回报的三个途径：产品利润率、资产周转率和财务杠杆率。

简单地讲，使用财务杠杆是一门用别人的钱赚钱的学问，而获取产品利润是利用市场的机会赚钱。至于这一节要讨论的资产周转率则是利用自己的"内功"，通过自己的资产管理能力赚钱。

做品牌，做用户价值最大化的产品，走利润最大化的路线，这似乎是一条不容置疑的运营逻辑，但是企业经营中还有一条并行的逻辑，就是资源逻辑。这两者是相互矛盾、相互制约的关系，可以概括为"简"与"繁"的矛盾关系。

比如为了打造竞争壁垒，企业在叠加一道道硬件、软件门槛的同时，会使企业的内部流程越来越复杂，复杂到一定程度，就会造成资源的过度消耗。这个时候我们就需要用资产效率这把尺子来重新校正——要在不断做加法的同时，对每一个增加的流程进行资产效率的断层扫描。对此我创造了一个术语，叫"财务B超"，也就是要通过扫描找到问题，再做必要的减法，将不能带来财务回报的运营活动去掉。

举个例子，有一个个体商户看中了机场的一个咖啡店，就把它盘了下来，进行了装修，将原来的普通桌子改成有高脚凳的吧台，吊灯也换成了更柔和的暖色调的款式，咖啡改成进口的现磨咖啡，以便走高端品牌路线，以极致的体验换来高利润。谁知经过一个月的经营，客户满意度虽然大幅提升，但咖啡店不但不赚钱，还出现了严重的亏损。

这个商户有位大学同学在麦肯锡做管理咨询工作，他的这位大学同学到店里调查后，给商户出了个主意。商户照做后，第二天便开始盈利。这个主意说来也很简单，就是让商户关闭店里显示航班信息的屏幕。

那时还没有手机航班App，这块屏幕成了店里提供航班延误与否信息的唯一渠道。很多顾客点了一份饮品后，便在店里舒舒服服地坐下，看到航班延误，更是可以安心地坐上大半天。所以从表面上看店里虽然坐满了顾客，翻台率却很低，一个下午只做了二三成的生意，毛利再高，销量却上不去，固定成本也无法收回。后来商户关闭了屏幕，顾客就得走到店外去查看航班信息，使得店内能够腾出空位接待新的顾客。由此可见，不是所有好的用户体验都值得我们去追求，那些没有财务回报的用户体验，在打造时就要非常小心。

另外，这个故事提到了"翻台率"，它所代表的资产周转率揭示了资源配置不合理造成的闲置成本。我们不妨来想象一下这样的情景：墙上挂着的毕加索的名画有了人性，它无奈地看着一屋子赖着不走的顾客，着急地问商户："怎么还不换观众呢？说好一天有100位观众来看我，怎么现在还不到50位呢？"原来，这幅名画在一半的时间里都处于闲置状态，与此同时，店里的服务员也在三三两两地聊天，这其实都是闲置成本。单品的高毛利就这样被闲置成本"吃掉了"，有时毛利甚至无法弥补较高的闲置成本。

这家咖啡店的问题很具代表性，很多企业，特别是身处激烈竞争行业中的企业，都会像这样不由自主地进入一种市场机会优先的运营逻辑：只要是能抢来订单、能减少客户投诉、能带来操作便利的做法，企业就一定会配置资源去优先实施。但这条运营逻辑并不总是能够提升财务绩效，不仅如此，企业按照这种自下而上的递推思维做事，还会让产品与流程越做越繁复。

为此，我做了一张归类表，让大家看看企业的运作是怎么一步步变得烦琐复杂的（见表6-1）。

表 6-1　企业的运作逐渐变得烦琐

运营逻辑	具体操作	运营结果	财务影响
质量保障	加一道显微镜检测	人工增加	人工成本增加
供货保障	备料量含1.5倍的保险系数	库存增加	仓储成本增加
便于管理	模具开发集中于一家供应商	谈判被动	采购成本增加
业务至上	订单不分大小照单全接	客服增加	销售费用增加
按规范操作	退货一周才会签完	呆料增加	质量成本增加

表6-1列出了企业常见的五条运营逻辑，从每个职能部门自下而上的逻辑来判断，这些操作似乎都有其合理性。比如为了减少模具管理上的多头对应，公司将所有模具委托给一家供应商开发，这样就免去了与多家供应商重复传递要求的麻烦，但因为没有引入多家供应商竞价，所以削弱了自己的议价能力，最后在财务效果上必然导致采购成本的增加。

　　由此可见，每个部门如果都按自己的逻辑运作，就会出现各种"无效增加"：如等料时间增加、客户维护成本增加、在制品库存增加，等等。

　　也就是说，有些看似合理的逻辑，要是放到资源投入与产出的对比中去分析，就会暴露出不合理的地方。这也提醒我们一定要把握好"繁"与"简"这对矛盾，要做好加法与减法的平衡。

　　在此，我推荐一个实操工具——"资源碎片整理法"。"碎片整理"本是一个计算机术语，我们平时安装的软件多了，计算机就会卡顿，此时就可以用 Defragmentation 程序做碎片整理，以提高计算机整体性能和运行速度。

　　那么，财务是如何进行"碎片整理"的呢？针对上面列出的五条运营逻辑，我们可以尝试进行一系列化繁为简的改良操作（见表 6-2）。

表 6-2　化繁为简的财务改良措施

具体操作	运营结果	财务改良措施
加一道显微镜检测	人工增加	将检出率与退货率进行比较，取成本低的
备料量含 1.5 倍的保险系数	库存增加	只对瓶颈工位增加冗余量
模具开发集中于一家供应商	谈判被动	引入多家供应商竞价
订单不分大小照单全接	客服增加	按所配置的资源测算最低起订量
退货一周才会签完	呆料增加	走快速通道

　　这些手段，与计算机的碎片整理操作有相似之处，都是"该合并的合并，该单列的单列，该创建绿色通道的就建立快捷链接"。如此这般，烦琐的程序会得到简化，复杂的业务运转也会变得快速、简约，这种改良的效果最终又会体现到资产周转率这项财务指标上。

　　除了使用这种"资源碎片整理法"外，我们还可以应用一个更加具体的财务工具，即净营运资本周转天数（Net Working Capital

Days，NWCD），它的计算公式为：

$$NWCD = DSO - DPO + DIO$$

这个公式中的 DSO、DPO 与 DIO 分别代表应收账款周转天数、应付账款周转天数以及存货周转天数。

假设一家企业一年销售额为 3 650 万元，即平均每天销售额为 10 万元。如果这家企业的应收账款维持在 900 万元的水平，那么其 DSO 为 90 天。也就是说这家企业要花 90 天才能把应收账款全部收回，在这 90 天里，企业需要垫资维持销售业务。

假设企业的毛利率是 20%，即每天投入的成本是 8 万元，如果账面上的平均供应商欠款是 800 万元，那么其 DPO 为 100 天，即它每 100 天才能完成一个付款周期。也就是说，这家企业在供应链里被下游套用了 90 天的资金，但自己又套用了上游 100 天的资金，相当于赚到了 10 天的资金。

但是我们还要考虑到这家企业有材料、半成品与存货等库存，假设账面上的平均库存维持在 400 万元的水平，这 400 万元除以日平均成本 8 万元 / 天，可以算出其 DIO 是 50 天。也就是说，为了维护企业的生产运转，这家企业要垫 50 天的存货周转资本。因此企业的平均 NWCD 为 90-100+50=40 天，这意味着它平均要沉淀近 400 万元的资金来维持业务运转。

了解了这些具体的参数，我们就有了提升"翻台率"的抓手。假设供销两端的收付款条件不变，如果企业能将自己的生产周期所需的 DIO 从 50 天降至 30 天，最后的 NWCD 就可以从 40 天降至 20 天，在利润率与财务杠杆率不变的情况下，这个举措可以让股东权益报酬率提升 1 倍。

那么，如何降低 NWCD 来提升效率呢，大家可以参考我在表 6-3 中列出的一些提升效率的措施。

表 6-3 提升效率的措施

存货	资金占用天数	目标天数	关键措施	责任人	增效源头
原材料	5 天	3 天	推进 JIT	采购部	信息整合
半成品	30 天	20 天	精益生产项目	生产部	流程再造
成品	15 天	7 天	加强代理商考核	销售部	外部效率

1）原材料的资金占用天数从 5 天降至 3 天。为此，采购部要落实供应商的 JIT 送货方案，通过双方的系统电子数据交换（Electronic Data Interchange，EDI）对接，使得我方在存货降到一定量时才触发供应商送货。当然这里需要供应商进行实时数据交换的系统开发，这笔费用可以由我方与供应商共同承担，或是通过未来的业务机会慢慢消化。这里的增效源头在于信息整合。

2）半成品的资金占用天数从 30 天降至 20 天。为此，生产部要开展一系列的精益生产项目，将生产周期从 30 天降至 20 天，这包括一系列的整改措施，比如生产线物料流转的布局要更改，瓶颈工位的人手配比要重新优化，夜班因为不配备工程师导致的停线等待要做相应的改变等。这里的增效源头是流程再造，即使是曾经合理的配置也需要重新整合优化。

3）成品的资金占用天数从 15 天降至 7 天。为此，企业要加强代理商考核，关键措施是重新招标，将达不到考核标准的代理商淘汰掉，同时财务可以通过测算配以一定的服务费奖励来激励合格的代理商。这里的增效源头是外部效率，主要是从供应链中找到提升效率的好办法。

上述这组降低资金占用天数的业务指标是如何制定的？其"幕后推手"就是财务的 NWCD 测算，由此也可以看出，有时业务指标的制定确实是财务的事。

金句	挣钱看客户的脸色，赚钱看自己的角色。

28

资本杠杆

什么是全球化时代企业竞争的本质

除了产品利润率与资产周转率这两个抓手外，能够提升股东权益报酬率的第三个比率就是财务杠杆率。

所谓的财务杠杆，本质上是一家企业经营所需的资金按来源划分的构成比例。比如企业准备上马一个项目，建厂投资加材料周转等需要的资金共约 1 000 万元，这 1 000 万元可以由部分股东出资，也可以由全部股东出资，此时总资产与股东权益都是 1 000 万元，财务杠杆率为 1，也就是说，企业没有用到外部资金。假设股东只出资 500 万元，另外的 500 万元通过银行借款获得，那么，公式中的财务杠杆率就变成了 2（1 000 万元 ÷ 500 万元 =2）。

在其他条件不变的情况下，仅出资方式发生了改变，股东权益报酬率就翻了一番，这就是为什么人们常说：用别人的钱赚钱是最高效的赚钱方式。用财务术语来讲，资金成本是由两部分构成的，即股权成本与借款成本。我在商学院讲到这个概念时，通常会问大家一个问题：是股东的钱更便宜还是银行的钱更便宜？很多有炒股经验的同学都说股东的钱更便宜，因为作为股民他们很少拿到过上市公司的分红。可事实却正好相反，应当是银行的钱更便宜。

我们不妨换位思考一下，假设你是上面所说的一个股东的朋友，他希望你在这个项目上投入 100 万元，并给你相应的股份。你若是有意投资的话，一定会思考这样一个问题：如果我选择入股，他应当给我多少回报，才能弥补我将资金放在银行定存所取得的利息收入？况且这 100 万元资金存进银行，一年 3% 的利息收入是有保障的，而且本金百分之百没有风险，但要是将这笔钱用来投资，万一项目发生了严重亏损，这 100 万元就算是"打水漂"了。

带着这样的想法，你可能会要求获得 20% 甚至 30% 的回报。这个 20% 或者 30% 就是股东期待的投资回报率，由于股东出资会有本金灭失的风险，其所要求的投资回报率一定是高于银行存款利率的。因此向银行借款才是更便宜的，而且向银行借款所付的利息是可以抵税的。如果银行借款利率为 8%，企业所得税率为 25%，那么银行借款的实际利率就是 8%×（1−25%）=6%。

因此，如果企业有前景很好的项目，所缺资金应当优先考虑向银行借。当然这一点对小微企业来说往往不太容易。因为银行会用传统的信用等级评分体系进行测算，小微企业常常会因为资产规模等"硬伤"达不到信用放款的等级，因而无法从银行借款。此时小微企业可以考虑由股东自己出资，或是以较高的利息从熟人那里借款。

另外，小微电商企业还可以向线上贷款平台借款，而企业平时的经营数据可以作为平台的授信依据，比如平台可以根据企业每天的出货量与入账流水计算出更真实的信用等级，从而在不增加自我风险的前提下给小微企业放款。由此也可以看出，传统的以数据可靠性为依托的金融体系，与掌控业务相关数据的线上贷款平台相比有一定的不足之处。数据由可靠性向相关性过渡的这个趋势，也让我们看到了商业文明发展中交易成本不断下降的底层逻辑。

当然，对于实力雄厚的大企业，银行还是愿意放款的，这时这些大企业又要面临另一个问题：自己是否应该向银行借款？

这个问题背后的逻辑是资金成本与风险的平衡问题。向银行借款，资金成本更低。但是随着企业借款的不断增多，负债率会越来越高，会让企业面临更大的经营失败的风险。现实中因银行抽贷或因到期无法归还银行借款而倒闭的企业数不胜数。不仅如此，我们还要考虑到银行的钱虽然便宜，但到期是必须归还的，所以借来的钱在自由度方面也不如自己投入的资金。所以企业一定要把控好借款的比例，这个比例代表了企业在远离破产风险与获得更多便宜资本之间的平衡能力。

这个比例对应的就是我们常说的资本结构（Capital Structure），它决定了一家企业的综合资金成本，更确切的专业术语叫加权平均资金成本（Weighted Average Cost of Capital，WACC），它的公式是这样的：

$$\text{WACC} = \frac{E}{V} \times \text{Re} + \frac{D}{V} \times \text{Rd} \times (1 - \text{Tc})$$

公式中的 E 是股本，V 是总资本，D 是借款；$\frac{E}{V}$ 是股东资本占总资本的百分比，$\frac{D}{V}$ 则是借款占总资本的百分比，这两者相加是 100%；Re 是股东期待的投资回报率，Rd 是银行借款利率，Tc 是企业经营所在地的所得税税率。

假设在上面的例子中，企业需要 1 000 万元的资金，股东出资

500 万元，拉人入股承诺的投资回报率为 30%，银行借款利率为 8%，税率为 25%，由此计算出的 WACC 就等于 50%×30%+50%×8%×(1−25%)=18%。

由此可见，出资人的出资方式或者说企业筹钱的方式，基本上决定了企业的总体资金成本。还有一个决定企业资金成本的因素是项目的内在风险，在上面的公式中是涵盖在股东权益报酬率（投资回报率）30% 中的。

这个 30% 是怎么来的呢？它基本上是与项目的行业风险级别相关的。在金融学中，我们一般用 β 来描述行业风险。以整个市场的平均波动率作为基准，即其 $\beta=1$，若某只股票或某家公司的波动性明显高于市场平均波动率，它的 β 值就大于 1。下面的数据是我从纽约大学网站下载的 2020 年美国各行业的 β 值：

- ▶ 半导体　　　$\beta = 1.24$
- ▶ 公共设施　　$\beta = 0.19$
- ▶ 食品零售　　$\beta = 0.35$
- ▶ 房地产　　　$\beta = 0.89$
- ▶ 交通运输　　$\beta = 0.96$

分析上面的数据，我们可以看到，交通运输行业的风险值基本上随大盘波动，而公共设施行业基本上没有什么波动，大盘上升 10%，它只会上升 1.9%，因为这是刚需行业；相反，半导体的制程复杂，开发风险也大，所以它的 β 值是 1.24，在几个行业里是最高的。所以，一家企业的资金成本由外在的行业风险与自我选择的资本结构决定，而资本结构又决定了杜邦公式中的财务杠杆率。

为了让大家更好地理解财务杠杆率与股东权益报酬率的关系，我做了一张对比分析表（见表 6-4）。

表 6-4　财务杠杆率与股东权益报酬率的关系（2015 财年）（单位：亿美元）

项目	美光	海力士	英飞凌	三星	英特尔
销售收入	162	160	65	1 774	554
净利润	29	37	7	168	114
期末总资产	241	252	98	2 141	1 031
期末股东权益	132	182	53	1 583	611
期末固定资产	106	144	24	764	319
固定资产占总资产比例（%）	43.7	57.2	23.9	35.7	30.9
产品利润率（PM）(%)	17.9	23.0	10.9	9.5	20.6
资产周转率（AT）	0.67	0.63	0.66	0.83	0.54
财务杠杆率（DL）	1.82	1.39	1.87	1.35	1.69
股东权益报酬率（ROE=PM×AT×DL）	21.9%	20.2%	13.6%	10.6%	18.7%

注：表中的数据，为了便于学习，以"亿美元"为单位，存在计算尾差。

表 6-4 中的 5 家公司都属于半导体行业，而且都是拥有设计、晶圆生产与后道封测完整价值链的半导体巨头。在 β 值基本相同的情况下，这些公司不同的资本结构选择会带来怎样的股东权益报酬率呢？

同样获得 20% 以上的股东权益报酬率，美光公司的产品利润率为 17.9%，海力士则是 23.0%，但是美光的财务杠杆率（即权益乘数）达到了 1.82，而海力士仅仅是 1.39，最后美光的股东权益报酬率反而更高，这说明财务杠杆对股东权益报酬率具有提升作用。当然我们也可以反过来对比这组数据，美光的高股东权益报酬率是以牺牲一定的财务稳健度换来的，而海力士稳健的财务策略让它更有能力抵御经济危机带来的冲击。所以这里很难单纯地评价两家企业财务策略的高下，只能说它们的做法反映出了不同的风险偏好。

有趣的是，虽然传统的德国企业以稳健著称，但英飞凌这家德国半导体企业的财务杠杆率却高达 1.87，这或许是经营史上的融资之痛让它选择了"反其道而行之"。

英飞凌旗下的内存事业部在与海力士、三星的 PK 中曾经败下阵来，尽管在 2008 年金融危机前，公司账面上还有 10 亿多欧元的现金，但随后却在对手的降价围剿中一点点耗尽，一年后即宣告破产。这个案例也让我们见证了全球化立体竞争的残酷本质。

在 2008 年前后，英飞凌内存事业部，即后来独立出来的奇梦达，与海力士在规模上不相上下。海力士之所以能用价格战战胜奇梦达，与韩国举国上下慷慨解囊救助有很大的关系。在 1998 年东南亚金融危机时，海力士，即当时的现代半导体，出现了严重的资不抵债，即将进入破产清算程序。此时韩国政府站了出来，要求现代半导体的债主即韩国银行，以债转股的形式成为它的股东，也就是说所有的银行欠债一夜之间一笔勾销。当然，韩国银行也是独立的商业银行，不愿意接受这种安排，这时韩国政府便出资给它们，让银行帮助企业渡过难关。那政府的钱又是从哪里来的呢？它靠的不是税收或发行货币，而是向全国人民筹集资金。为此，时任韩国总统金泳三曾声泪俱下地发表电视讲话，请求全国人民解囊支持能与欧美先进半导体企业抗衡的现代半导体。

在"拯救民族产业"口号的号召下，韩国老百姓排着长队捐出自家的金银首饰与现金……在韩国全国人民的帮助下，现代半导体终于逃过一劫。后来它依靠强力资金的支持，在行业低谷时反向投资，待到行业复苏时，它靠着产能优势一举扭转颓势，进而在 2008 年金融危机中，与三星一起将奇梦达逼上了死路。

在奇梦达濒临破产的最后关头，我参与了关键性的融资谈判。我们也曾向德国政府求助过，内阁一度愿意拨出 6 亿多欧元，但这个支援计划在议会复核时却被否决了，理由是政府没有充分的理由将纳税人的钱用来拯救一家企业。

海力士由衰败走向兴盛，奇梦达从行业第二到被逼破产，这让我有了一个深刻的体会：企业的全球化竞争比拼的不只是自己的盈利能力与资产效率，还要比拼各自的资金渠道，而这一点有时甚至是致命的。奇梦达的竞争对手其实不是海力士，而是海力士背后的韩国政府，以及众志成城的韩国人。也就是说，奇梦达是以一家企业的角色与一个体制、一种文化竞争，难怪会落得惨败的境地。

所以我们有必要修正一下传统的金融理论，银行的钱虽然便宜，但有借款的上限。不过在当时的韩国企业身上这一条似乎并不成立，因为它们有最好的"组合拳"，既能拿到便宜的银行借款，还有可以不用偿还的债转股保护措施。难怪美国与欧盟都相继出台政策对其加征不公平竞争关税。

这个案例也提醒我们，当一家企业"走出去"，在全球范围内开展业务时，一定要以资源开发全球化的思路来重新定位与审视自己的经营风险。所谓"资源开发全球化"，就是综合全世界各地的经营条件，将最优的资源要素整合到自己的体系中。比如，哪个国家的资金最便宜，就将控股公司设立到这个国家，以全球资金集约管理的方法获得最便宜的资本。

下面讲述一下资金的集约管理，它是通过资金池的方式集中管理的（见图 6-2）。

以中国工商银行（简称工行）为例，假设一家大型集团公司的总部设在上海，它可以与工行在各地的分行签署一个全国子公司账户归集的资金池协议。比如它在武汉、南京的门店每天都有很多现金收入存到相应的子公司账户中，这时工行会在同一个银行平台上进行归集，将所有钱归到总部账户下统一管理。

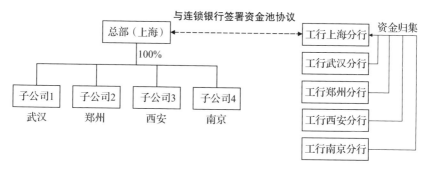

图 6-2　资金集约管理

　　这种做法除了有税收筹划方面的好处外，还有统筹资金的好处。比如通过关联公司的应收款、应付款的调节，集团总部可以将各个子公司的现金调整到设定的控制范围内。我以前在做并购尽职调查时，发现一家成都的美资工厂销售额高达上百亿元，但是账面上的资金却只有二三十万元，因为钱都归集到资金收益最高的国家了。不仅存款可以这样处理，借款也是一样，如果在新加坡能够融到利率低至2%的资金，那么在中国工厂扩展产能时，就没必要找当地银行去借利率4%的资金了。

　　资金池的集约管理是一家公司走向全球、做全球资源配置的重要工具。在有外汇管制的地方，很多跨国公司通过关联公司交易来进行全球资金的调配与管理。现在很多中国企业去东南亚投资建厂，也可以参考这种做法，这也体现出了全球化时代企业竞争的本质。

| 金句 | 筹钱要看市场特色。 |

市值管理

上市公司与非上市公司的
本质区别在哪里

    市值管理虽然是上市公司特有的价值管理,但对非上市公司的财务管理也同样具有借鉴意义。在展开讨论之前,我们先来思考这样一个问题:上市公司与非上市公司的本质区别在哪里?

    这里可以借用上一节提到的例子,但需要将金额再扩大一些。假设公司有一个项目需要 10 亿元的资金,发起人只能出 1 亿元,另外还能从银行融到 5 亿元的借款,那么余下的 4 亿元该怎么解决?此时发起人可以找有兴趣且愿意承担风险的伙伴投资,将股东资本金从 1 亿元增加到 5 亿元,也可以从天使投资人或者后期的创投资本那里获得这 4 亿元,相应地要给投资人一定的分红回报或者是退出机制上的获利机会。

    假设公司具备上市的条件,还有一种解决方案是到一级市场去做 IPO,公开募集资金。如果 IPO 很顺利,公司获得了 4 亿元的市场资金,发起人个人仍是占 10% 股份的控股股东,但是与前面几种情形不同的是，此时公司成了一家上市公司，成千上万的投资者将成为小股东，其中不乏一些机构投资者。

既然上市公司的资金是从公众那里募集到的，管理层就有法定义务定期向出资人做"述职报告"。这个述职报告就是我们平时说的上市公司的年报和季报。年报的主要组成部分是财务报告，包括我们常说的资产负债表、利润表和现金流量表这三张报表。

由于述职的管理层与听取报告的中小投资者之间存在天然的信息不对称，为了保护中小投资者的权益，上市公司的报表必须符合一定的规范。比如一家做机械加工的上市公司所使用的机床按照行业平均折旧年限是3～6年，但管理层为了让利润"好看"一些，会选用10年摊销的折旧政策，这就是不被允许的，从专业的角度讲，这种做法违背了公认会计原则，即我们所说的GAAP，Generally Accepted Accounting Principles。美国的GAAP叫US GAAP，是美国证券交易委员会要求在美国上市的公司遵守的会计准则。中国也有自己的GAAP，是由财政部制定的。目前这两套准则的差异已经非常小了，这证明中国在资本市场的管理条例上已经与国际接轨了。

有了标准的做账规则，并不一定能够保证上市公司的财务报表达到合规的要求，因为其中难免涉及人为判断的情况，比如上市公司以多大的比例来测算坏账，这个比例是否与公司的历史交易事实相符，或者与市场同行的比例相比处在一个合理的范围内，这些估计以及时常发生的可替代财务政策的选用，并不是一般中小投资者能看明白的。

为了降低上市公司的信用成本，上市公司在公布其年报与季报前一定要有具备专业资格的审计机构来做独立审计。从表面上看，审计费是由上市公司支付的，但从法理上讲，上市公司却不是审计机构的客户，因为审计机构是在监管机构的委托下，给出独立的第三方意见，以确保上市公司出具的财务报表是符合流程与规范的。

也就是说，作为一家上市公司，其报表是要按严格的规范编制的。与此形成鲜明对比的是非上市公司，如果非上市公司的资金全由股东个人自己出资，那么财务报表就不需要满足证券法规对财务报表编制和信息披露的强制要求了，比如上面提到的机床折旧问题，如果税法规定是 5 ～ 10 年的折旧摊销，那么这家公司选择按 10 年摊销也是可以接受的，因为这里至少不会存在故意摊薄费用以拔高利润的动机。

如果这家公司不从银行借钱，那么用一句极端的话来讲，这家公司的机器做不做折旧都无所谓，因为它所做的财务报表只是为了满足报税的需要，与上面所说的"述职报告"完全不同。私企老板也没有述职的需要，他要求做好账，只是因为他相信规范、一致的财务报表便于自己做经营分析。而在现实中，有很多私企老板并不这么认为，一方面是因为他们更关心报税的数字，所以不重视财务数字，另一方面是因为他们自己就是战略财务高手，自己心里有一本管理会计的账。

由此可见，上市公司与非上市公司的财务管理逻辑是有不同侧重点的，具体见表 6-5。

表 6-5　上市公司与非上市公司的财务管理逻辑差异

项目	上市公司	非上市公司
财务报告	会计准则	税务准则
财务管理	合规操作	税务效果
能力要素	专业规范	税务筹划

非上市公司的财务报告往往是形成税务报表的基础。它们的财务管理重点在提升税务效果上，所以会十分看重财务经理的税务筹划能力，希望财务经理能够在通晓税务规则的基础上帮企业主合理避税。

而上市公司的财务经理不仅要制作每月的税务申报报告，还要做好向股东述职的财务报告，因为这个报告是按所在资本市场的会计准则定义的，所以其财务管理的一个重要考量标准是"合规操作"。

如果上市公司的财务账没有按会计准则做，比如在 2000 年，安然公司在股东注资没有到账的情况下依然确认股本增加，这就是明显的误导与欺骗行为。最后这家公司被摘牌，主要负责人被判刑，负责审计的安达信也因此破产，从全球范围内彻底消失。

安达信本来与德勤、安永、毕马威和普华永道并列为全球五大会计师事务所，却因为安然事件被迫退出了审计业务，导致现在大部分人只听说过四大会计师事务所。安达信的覆灭，也让我们看到了"合规操作"对上市公司和审计机构是多么重要。

即使不会引发破产，因为做账不合规而导致股价暴跌的事例也比比皆是。据新浪财经报道，康美药业因虚增货币资金的财务造假行为，在 2018 ~ 2019 年，其股价跌幅达 91.78%。而在欧美市场，由于没有跌停限制，因为财务造假当天跌去一大半股价的情形并不少见，就像瑞幸咖啡在被曝光造假的当天，市值就蒸发了近 80%。

所以上市公司对合规极为重视，因为背后的不合规成本之大是企业无法承受的。相应地，财务人员不仅要通晓会计准则，还要具备良好的职业操守。

此外，上市公司还有市盈率（PE）这个市值杠杆。它们对市场形象的管理十分重视，甚至会为此放弃明显可得的财务利益。

举个例子，2000 年我所在的西门子半导体事业部从西门子集团剥离上市。在上市前，我曾参与了一项"非经营性资产"的清理工作，要求每家子公司将与主营业务无关的资产全部清理掉。当时无锡工厂账上有十栋太湖边上的别墅，必须在 3 个月内甩卖掉，因为上市前招股说明书的报表日期就在 3 个月之后。为了在限期内完成清理，我们只好将别墅打包卖给当地的一位农民企业家，十栋别墅总计只卖了 500 万元，如果当时不急于清理，而是慢慢卖，至少可以多 1 倍的收益。

这种显而易见的损失在一家非上市公司身上是不会发生的。但是上市公司的逻辑是完全不同的，因为这些别墅若不能如期卖掉的话，投资人就会产生强烈的疑惑："我为什么要把自己的钱交给一家经营房地产的半导体公司呢？如果要投资房地产，我完全可以选择更加专业的公司。"

当时给我们做承销业务的投行也做过这样的分析，它们认为主营业务不清晰造成的混乱形象会影响 IPO 定价——原来可以定价 30 美元 / 股，现在很可能只能定到 25 美元 / 股，这中间发生的损失至少会达到 10 亿美元，与这个惊人的数字相比，快速甩卖房产亏损的几千万元几乎可以忽略不计。由此可见，非上市公司可能比较注重"里子"，而上市公司要的是"面子"，因为这个面子直接对应带市盈率杠杆的市值。

再来看另外一个例子，如果你是在一家上市公司占股 50% 的大股东，为了招待客户和做公关宣传，你购买了一艘游艇。你本可以把游艇开支放到上市公司作为抵税的开支，假设一年会产生 200 万元的费用，以 25% 的税率计算，可以省下 50 万元的税额。但是这笔开支会降低上市公司 150 万元的净利润，如果这家公司的市盈率为 20 倍，就会减少 3 000 万元的市值。而你作为拥有 50% 股份的股东，身价就会损失 1 500 万元，考虑到这样的后果，你很可能会选择自己承担这笔开支。

如此重要的市值应当如何管理呢？从财务管理的角度来看，重要的是做好季度滚动预测。因为资本市场的报表周期是一个季度，所以原来的年度预算就提升到季度滚动预测的频度上来了。一般管理层在公布上个季度的业绩时，会给出本季度的业绩预告。比如预计本季度销售额在 28 亿～ 30 亿元，利润率在 15% ～ 16%。如果本季度结束时未能达标，比如销售额只有 27 亿元，利润率为 13%，那么资本市场就会认为管理层之前是在说空话，或者说管理层的能力不足。这时，以机构为代表的投资者就会卖出公司的股票，导致公司股价下跌。由此可见，这个兑现盈利承诺的信用成本是非常高的，特别是在成熟的资本市场更是如此。

如何做好季度滚动预测呢？我以前在美国上市公司做业绩管理时，会准备一个"当期利好消息"和"当期利空消息"清单（见图 6-3）。

图 6-3　"当期利好消息"和"当期利空消息"清单

① CN: Credit Note，供应商给出的折让确认。
② DN: Debit Note，收款通知书。

利好消息，指的是能够促使股价上涨的消息，比如向客户签发DN，变卖残次品，上季度退回的货物可以重新销售等。利空消息，指的是能够促使股价下跌的消息，比如闲置设备资产减值，重要供应商因为突发的洪水事件无法供货造成材料涨价，新产品开发造成大量模具费用等。

这些利好和利空消息需要在季度刚开始的时候就识别、整理出来，因为有些利好消息，比如上面的向客户签发DN，若在季度快结束时才想到，等对方完成对账，再走完内部审批流程，这一套操作下来，很可能就变成下季度才能开票的收入了。同样，利空消息也要早些识别、整理，像材料涨价问题，要看看能否采取对策找到替代材料或者替代供应商。实在无法解决，就要与对方商谈，将涨价摊到6个月内，虽然为此可能会多付出一些资金利息，但比起当季利润受到影响导致股价与市值下跌，这样做的成本是微乎其微的。

上面的利好和利空消息可以分为财务方面的和业务方面的。像汇率变动、资产减值等是财务账务处理的技术问题。我在德国给某位CEO做季度业绩报告时，CEO曾反复交代，不要做什么汇兑损益、采购差异分配之类的财务解释，因为投资人没有耐心听这些，甚至会认为我们在用听不懂的专业概念"糊弄"他们。所以如果有这些不利因素，应当在季度前就识别预判出来，然后提出一个更高的业务目标去消化这些不利因素。

总之，一家上市公司需要通过不断地兑现盈利预期来获得资本市场的信任，而要做到这一点，财务的前期预测，以及由此制定出来的业务目标是实现外部承诺的关键前提。很多财务人员觉得自己做的都是些例行公事的数字报表，好像没有什么意义。其实上市公司的每一份报表、每一条预测数据的落实，背后都有极大的市值效应，需要引起我们足够的重视。

金句 ｜ 给资本市场最好的惊喜就是没有惊喜。

30

财务定位
财务人员如何找到自己的价值定位

在阅读本书的过程中，大家可能会生出这样的疑问：像资源整合、商业模式、供应链管理等内容似乎超出了财务工作的常规范围，那么，一名专业的财务人员到底应该如何定位呢？专业与事业，这就是我们在最后一节要讨论的问题。

我个人对财务人员的定位只有四个字：价值贡献。说得具体一点，凡是最后会对财务报告中的净利润带来影响的事，财务人员都得参与，而且要以"躬身入局"的姿态去发挥自己的专业影响力。

如何做到"躬身入局"，大家可以参考我整理出的全业务链价值贡献点（见图6-4）。

在图6-4中的财务人员价值贡献可分为直接业务贡献与间接业务贡献两大类，给采购、生产、销售等一线业务部门提供增值服务属于直接业务贡献；给人事、计划、质量等二线服务部门提供服务属于间接业务贡献。在每一个环节上，都有财务人员的价值贡献点，下面我将一一说明。

全业务链都有财务人员的价值贡献点

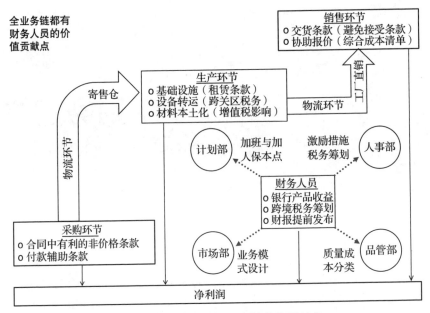

图 6-4 财务人员的全业务链价值贡献点

1）采购环节。除了我在"向外整合"一节提到的提供付款信息作为采购谈判的"数据子弹"外，在合同审核环节，我们不但可以做一份常规风险清单，还可以为不同类型的采购合同做不同的风险控制清单。比如在审核精密仪器与设备采购合同时一定要提醒供应商购买安装工程一切险，在审核基建合同时要排查招标公司之间的关联方关系，在审核 IT 设备采购合同时要注意授权用户数量的可扩展性，等等。对此，我归纳了一个采购合同审核控制清单，可供大家参考：

▶ 精密仪器要购买安装工程一切险

▶ 确认工程合同有没有设定逾期惩罚条款

▶ 定制设备要有技术部确认的规格参数表

▶ 自动化设备先买一台样机测试后再批量采购

▶ 确认自动化设备能否获得原厂商的软件代码以避免升级困难

▶ 二手进口设备要考虑政府批文的不确定性

▶ 确认有关税收的材料有没有办免税手册

▶ 确认新供应商的合同有无完成法律纠纷审查

▶ 注意租赁设备零利息的噱头

▶ 因增值税税率不同，设备的硬件与软件（如有）要分开标注价格

清单上的每一条如果控制不力，都会造成公司额外的资源消耗。所以我们与其在事情发生后与其他部门"打嘴仗"，还不如先行一步，做好事前控制，以尽可能地消除隐患。

2）生产环节。这一环节的价值贡献点更多，比如设备在不同工厂之间转移，财务人员要提醒生产部门，进口时免税的设备是受海关监管的，实在要转移，一定要把相应的转移监管手续办妥后再进行。大家也可以参考本书第3模块"成本控制"的内容，帮助生产部门做好料、工、费的节约。

3）销售环节。第5模块讲的"战略财务"有很多是为市场与销售部门提供增值服务的，除了我已经介绍的商业模式与战略定价等内容外，公司经常会有来自客户端的交易模式变化的要求。比如供应商母公司将其在境内的工厂A公司生产的产品卖给其在境外的分销中心B公司，然后再由B公司转卖给境内的客户C公司，C公司现在提出改变交易模式，要求由A公司直接将产品卖给C公司。在这种情况下，作为专业的财务人员，我们能否就交易模式改变引起的增值税、关税、运费、保险费、汇率、所得税等多种因素的变化做一个通盘的测算方案，最后既能够保证合法合规，又能够满足客户的要求？这就

是一个价值贡献点。

　　除了为一线部门提供的服务外，对于二线部门也有财务人员提供专业服务的价值贡献点。比如当订单量提升时，计划部面临加人还是加班的难题，此时财务人员就可以从订单的存量期限出发，再结合公司的上班时间特点，做出成本保本点测算：加人会带来班车费用、淡季遣散的补偿费用等固定成本，而加班又要受到劳动法的限制，基薪与社保费用加倍支付也会造成更高的工资成本……财务人员可以通过建模将这些变量"一网打尽"，最后为计划部提出一个完整清晰的指导意见。我曾对某一个年度公司的人员与业务量做过测算，当时的结果是，若能有4个月以上的订单量做保障，加人就比加班更划算。

　　通过上面的全业务链价值贡献点介绍，大家可以找到增值服务的切入点。要做好增值服务，我们还要注意遵循"五不法则"，这也是我从过去20年财务管理工作中梳理出来的经验，具体如下：

- ► 不做"警察"做"向导"（用OCA模型给出行动方向）

- ► 不要只提问题，还要提供解决方案（以根因分析为基础的有洞见的方案）

- ► 不讲概念讲数据（不论是非讲概率）

- ► 不做事后分析而做事前控制（将汇率波动损失提前植入盈利目标）

- ► 不是抱怨而是提供帮助（用专业知识帮助业务部门提升管理水平）

　　1）不做"警察"做"向导"。财务人员最容易做的就是说"不"："这个不符合SOX内控规定，不行。""这笔开支没有预算，不可以。"财务部的地位低、人缘差，与这种事不关己的"官腔"有很大的关系。

所以专业的财务人员在提出原则的同时，还会给出方案，也就是不做"警察"做"向导"。

为此，财务人员可以用我总结的 OCA 模型来推进事务。比如，在遇到一件不符合规定的业务提案时，财务人员不能急于用自己的专业尺度去衡量当下的场景，而是要本着帮业务部门解决问题的初心，去努力思考可选方案（Option）。此后要做的是对可选方案进行优劣比较（Comparison），并指出每个方案后面涉及的行动方案（Action）。针对上面客户提出的改变交易模式的情况，我们就可以用OCA 模型生成如下的可选方案（见表 6-6）。

表 6-6　OCA 模型

Option 方案	Comparison 比较		Action 行动
	优	劣	
方案1：境内交付，跨境结算	符合母公司的转移定价与税务筹划模型	无法满足客户用人民币直接结算的要求	说服客户不做改变
方案2：由工厂与客户直接结算	满足客户用人民币直接结算的要求	利润全留在高税率的工厂	说服母公司修改操作流程
方案3：由母公司与客户直接结算，但原材料由母公司采购后卖给工厂	通过入口端材料加价维持工厂应得利润	将工厂的转移定价从 C+ 改成 S−	在系统中修改一系列内部结算流程

表 6-6 中的方案 1 就是保持现状、不做改变，优点是母公司既定的转移定价与税务筹划模型不用改变，工厂核定以 C+5%，即成本加成 5% 的方式获得加工利润的模式与结果都得以落实。缺点是无法满足客户用人民币直接结算的要求，所需的行动是要说服客户，告诉其自己的难处，希望客户给予理解。

方案 2 走向了另一个极端——完全按照客户的要求行事，即工厂与客户直接结算，优点是能够满足客户用人民币直接结算的要求，缺点是工厂代替母公司卖货给客户，会让利润全留在高税率的工厂。也就是说，一个本来只赚 5% 加工利润的工厂，现在会把研发端（与销售端）应当分得的利润全部收入囊中，这会引发研发部门所在国的税务机构的质疑，可以预见，说服母公司修改操作流程的难度极大。

方案 3 是一个创造性的解决方案，即由母公司与客户直接结算，但原材料由母公司采购后卖给工厂。优点是从形式上满足了客户用人民币直接结算的要求，而且通过入口端材料加价能够维持工厂应得利润；缺点是引入了母公司代购原材料的操作，需要将工厂的转移定价从 C+ 改成 S-。所需的行动是让 IT 与财务控制部门在系统中修改一系列内部结算流程，比如要做相应的转移定价公式修正。由于这个行动所需的资源与代价是可接受的，最后可以成为落地的解决方案。如此一来，最终解决这个问题的既不是业务部门的方案，也不是财务部的方案，而是一个创新的第三方案。

2）不要只提问题，还要提供解决方案。在企业中，无论哪个部门，说到底都要干一件事：解决问题。对于财务人员来说，价值定位一定要准确，我们不是为了维护一个标准而存在的，而是要在不破坏底线的情况下，去创造性地解决问题。所以，财务人员不应只是抛出"集团税务筹划的问题怎么解决？"这样的问题，而是要给出解决方案。

3）不讲概念讲数据。我们在做产品的价值链设计时，经常会面临两难问题，比如加一道检验程序，可以提升客户满意度，减少退货，但这又会给生产与品质部门造成负担，因而常常会引发争论。这时财务部应当用数据来破局：如果加 100 个人做检验的工作，只能将退货的概率从 0.5% 降至 0.4%，成本投入远远大于收益，这样的事情就不值得去做。这也是我为什么要将"数据智慧"放在本书第 1 模块的原因，我们应当时刻牢记，数据思维可以成为权衡利益得失的有力武器。

4）不做事后分析而做事前控制。在上一节的市值管理中，我曾谈到 CEO 非常讨厌在业绩公告会上解释汇率波动对利润带来的影响，因为这会给外部投资者一个"管理层为控制不力找借口"的负面印象。所以财务人员要在季度开始前在预测模型中考虑到汇率波动的不良影响，并通过设定更高的业务目标提前消化这种不良影响。

5）不是抱怨而是提供帮助。财务部是一个特殊的部门，但不能将自己当成一个特别的部门独善其身。其他部门有做得不到位的地方，财务人员要少抱怨、多帮助。比如人事部的同事提供的 Excel 表数据没有关联，那就教他们制作一张逻辑自洽的数据报表；采购部的同事在审核合同时总是弄不清增值税的影响，那就和他们一起制定一个标准模板。我自己曾代理过一段时间的总经理，统管公司的全面工作，在此分享一条总经理视角的经验：总经理没有任何兴趣去"站位"，所以你不能指望他附和你的邮件，去教训其他部门。因为他只关心一件事：怎样解决问题。所以，一名真正专业的财务人员要把"帮企业解决问题"作为工作的指导思想。

回顾本节内容，我用得最多的一个词是"专业"。提供方案体现的是专业能力，帮助他人体现的是专业精神，用数据说话体现的是专业手段。其实很多人也想做到这样的"专业"，却总是觉得力不从心，关键问题不在于"专业"这个"果"，而在于它背后的"因"——有没有以提升价值为使命的事业心。

如果不是用"心"去做事，在碰到困难时，我们很难积极主动地去说服他人、做无私的分享、换位思考、帮助他人解决问题。这里所说的"事业心"，不是在唱高调、强调为组织奉献自己，而是要提醒自己不断精进。这种事业心的本质是为了提升自己的价值，为了打造自己的声誉，为了锤炼自己的核心技能而付出的努力。所以定位既是一个人在组织中的价值定位，也是一个人的个人价值设计。财务人员如何进行个人价值设计呢？这里总结了一张财务价值主张地图（见图 6-5）。

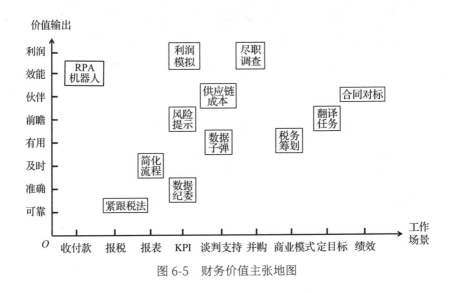

图 6-5   财务价值主张地图

图 6-5 的横坐标是一名财务人员可能经历的财务工作场景，有收付款、报税、报表、KPI、谈判支持、并购、商业模式、定目标、绩效等。

纵坐标是一个自上而下的顶层设计，财务需要思考自己能为组织带来什么样的贡献，比如"可靠"要求财务做的各项报告首先要真实可靠、内容完整；"利润"要求财务对资源的消耗要有精准的把控。这种精准把控是如何体现的？我总结了"五个一"，可供大家参考（见

图 6-6）。

图 6-6 中的"五个一"，考验的是财务人员的数据基本功，而这些基本功是靠时间积累出来的，也是靠事业心一点点精进打磨出来的。

将数据颗粒度从 10% 细化至 1%，这是"十年磨一剑"的功夫。我们想要打造个人的竞争优势，只能是找到一个好的"姿势"，再保持这个"姿势"做下去，让时间成为自己的朋友。

成品：良率（成品率）每提升1%带来的毛利贡献

机器：瓶颈工位设备利用率每提升1%带来的产值增加

工人：操作工离职率每下降1%带来的成本节约

材料：主材每提升1%的排版利用率带来的毛利贡献

制程：制程每缩短1天带来的流动资产节约

图 6-6　对资源消耗精准把控的"五个一"

| 金句 | 用事业心做好专业事。 |

行笔至此，6大模块共30节的内容就告一段落了。我用自己的经验以及各种工具、模型帮大家绘制了一张行之有效的价值主张地图，有了这张地图，余下的工作就要交给每位读者自己了，因为路在我们每个人的脚下，要靠自己的双脚去丈量，人生的精彩也只有靠自己的实践去探索、去思考、去享受，愿各位都能够充分享受自己的探索之旅。

参 考 文 献

[1] 赫尔弗特 . 财务分析技术：价值创造指南：第 11 版 [M]. 刘霄仑，朱晓辉，
       译 . 北京：人民邮电出版社，2010.

[2] 鲍新中 . 供应链成本：改善供应链管理的新视角 [M]. 北京：人民交通出
       版社，2009.

[3] 堀口敬 . 精益制造 013：成本管理 [M]. 王占平，译 . 北京：东方出版社，
       2013.

[4] 伊达尔戈 . 增长的本质：秩序的进化，从原子到经济 [M]. 浮木译社，
       译 . 北京：中信出版集团股份有限公司，2015.

[5] 吴雪林 . 目标成本管理 [M]. 北京：经济科学出版社，2006.

[6] 德鲁克 . 卓有成效的管理者 [M]. 许是祥，译 . 北京：机械工业出版社，
       2019.

[7] 柯维 . 高效能人士的七个习惯：30 周年纪念版 [M]. 高新勇，王亦兵，葛
       雪蕾，译 . 北京：中国青年出版社，2020.

[8] 钱自严 . 从总账到总监：CFO 的私房财务笔记 [M]. 北京：中国轻工业出
       版社，2019.

[9] 塔勒布 . 反脆弱：从不确定性中获益 [M]. 雨珂，译 . 北京：中信出版集团股
       份有限公司，2020.

[10] 平克 . 全新思维：决胜未来的 6 大能力 [M]. 高芳，译 . 杭州：浙江人民出
       版社，2013.

[11] 达利欧 . 原则 [M]. 刘波，綦相，译 . 北京：中信出版集团股份有限公司，

2018.

[12] 罗斯林 H，罗斯林 O，罗朗德 . 事实 [M]. 张征，译 . 上海：文汇出版社，
2019.

[13] 明托 . 金字塔原理：思考、表达和解决问题的逻辑 [M]. 汪洱，高愉，
译 . 海口：南海出版公司，2019.

[14] 耐度，赖美云 .SPOT 团队引导：点燃群体管理的智慧 [M]. 唐长军，郝君
帅，张庆文，译 . 南京：江苏人民出版社，2000.

[15] 卡尼曼 . 思考，快与慢 [M]. 胡晓姣，李爱民，何梦莹，译 . 北京：中信出
版社，2012.

[16] 邱昭良 . 复盘＋：把经验转化为能力 [M]. 3 版 . 北京：机械工业出版社，
2018.

[17] 桑文锋 . 数据驱动：从方法到实践 [M]. 北京：电子工业出版社，2018.

[18] 涂子沛 . 大数据：正在到来的数据革命，以及它如何改变政府、商业与我
们的生活 [M]. 桂林：广西师范大学出版社，2015.

[19] 正和岛 . 本质 [M]. 北京：机械工业出版社，2019.

[20] 王烁 . 跨界学习终身学习者的认知方法论 [M]. 长沙：湖南文艺出版社，
2019.

[21] 叶荣祖，聂新宇 . 重构未来：决胜未来 30 年的新商业思维 [M]. 北京：中
华工商联合出版社有限责任公司，2019.

[22] 李开复 . AI · 未来 [M]. 杭州：浙江人民出版社，2018.

[23] Hicks D T. Activity-based costing: making it work for small and
mid-sized companies[M]. New York: John Wiley，2008.

推荐阅读

"麦肯锡学院"系列丛书

麦肯锡方法：用简单的方法做复杂的事

作者：[美]艾森·拉塞尔 ISBN：978-7-111-65890-0

麦肯锡90多年沉淀，让你终身受益的精华工作法。

麦肯锡意识：提升解决问题的能力

作者：[美]艾森·拉塞尔 等 ISBN：978-7-111-65767-5

聪明地解决问题、正确地决策。

麦肯锡工具：项目团队的行动指南

作者：[美]保罗·弗里嘉 ISBN：978-7-111-65818-4

通过团队协作完成复杂的商业任务。

麦肯锡晋升法则：47个小原则创造大改变

作者：[英]服部周作 ISBN：978-7-111-66494-9

47个小原则，让你从同辈中脱颖而出。
适合职业晋级的任何阶段。

麦肯锡传奇：现代管理咨询之父马文·鲍尔的非凡人生

作者：[美]伊丽莎白·哈斯·埃德莎姆 ISBN：978-7-111-65891-7

马文·鲍尔缔造麦肯锡的成功历程。

麦肯锡领导力：领先组织10律

作者：[美]斯科特·凯勒 等 ISBN：978-7-111-64936-6

组织和领导者获得持续成功的十项关键。

关键时刻掌握关键技能